꼬리에 꼬리를 무는 과학 3
반짝반짝 망원경

일러두기

• 책 속의 과학 용어와 인명 표기는 국립국어원의 원칙을 따랐습니다.
• 책 속에 나온 연구 결과와 이론은 2021년 12월 기준입니다.

ⓒ고호관 2022, Printed in Seoul, Korea.

꼬리에 꼬리를 무는 과학 03

고호관 글 | 서영 그림

반짝반짝 망원경

매직 사이언스

글쓴이의 말

어렸을 때 천체망원경이 정말 갖고 싶었어요. 어린이 잡지에 실린 망원경 광고를 종이가 뚫어질 정도로 쳐다보곤 했지요. 천체망원경은 비싸서 함부로 살 수가 없었거든요. 어쩔 수 없이 문방구에서 렌즈를 사다가 직접 만들어 보기도 했지만, 성에 차지는 않았어요.

드디어 부모님께서 큰 마음을 먹고 천체망원경을 사 주신 건 시간이 꽤 흐른 뒤였어요. 저는 신이 나서 천체망원경을 들고 밖으로 나가 달과 별을 바라보았어요. 두 눈으로 직접 보는 달의 분화구나 토성의 고리는 매우 신기했지요.

하지만 거기까지였어요. 오리온자리 대성운이나 안드로메다 은하 같은 천체는 아무리 망원경을 돌려도 볼 수 없었어요. 천체망원경만 있으면 우주에 관한 책에 실려 있는 멋진 성운이나 은하의 모습을 볼 수 있을 줄 알았는데, 그렇지 않았던 거예요. 그런 사진은 오랫동안 빛에 렌즈를 노출해야만 찍을 수 있다는 걸 그때는 몰랐지요. 결국 달과 목성, 토성 정도를 본 뒤에는 더 이상 볼 만한 게 없어졌어요. 그래도 부모님 눈치가 보여서 밤이 되면 일부러 망원경을 들고 밖에 나가는 모습을 한동안 보여 드렸던 기억이 생생하네요.

여러분도 저처럼 망원경에 관한 추억이 있나요? 망원경이 꼭 천체 관측에만 쓰이는 건 아니지요. 스포츠 경기나 공연을 관람할 때, 조류를 관찰하거나 사냥할 때, 군대에서 먼 곳을 살필 때, 배를 타고 항해할 때, 땅을 측량할 때 등 망원경은 여러 분야에 폭넓게 쓰이고 있어요.

지난 400여 년 동안 망원경의 종류나 형태도 다양해졌지요. 적외선이나 자외선, 전파처럼 우리 눈에 보이지 않는 빛을 관측하는 망원경이 등장했고 망원경의 크기도 점점 커지고 있어요. 어떤 망원경은 지름이 수백 미터나 되기도 하지요. 장소도 다양해졌어요. 거대한 천체망원경은 공해가 없는 높은 산에 자리를 잡았고, 일부는 아예 방해가 되는 공기가 없는 우주로 올라갔어요.

망원경은 우리가 세상을 더욱 넓고 깊게 바라볼 수 있게 해 줬어요. 단순히 멀리 있는 물체를 자세히 보는 것을 넘어, 이전에는 볼 수 없던 곳까지 볼 수 있게 해 줬지요. 책을 읽으면 알겠지만, 멀리 떨어져 있는 곳을 본다는 건 과거를 본다는 것과 마찬가지예요. 그러니 망원경은 과거를 보여 주는 도구기도 하지요. 과학자들은 더 먼 곳, 다시 말해 더 오랜 과거를 관측하기 위해 지금도 노력하고 있답니다.

지구를 벗어나기 힘든 우리로서는 우주라는 넓은 세상을 관찰하고 연구하기 위해 망원경에 의존할 수밖에 없어요. 망원경이 없었다면 우리는 아직도 아주 좁은 세상밖에 몰랐을 거예요. 앞으로 활약할 새롭고 더욱 강력한 망원경이 우주의 모습을 얼마나 더 깊고 자세히 보여 줄지 기대해 주세요.

2022년 1월. 고호관

여행 시작

밤하늘을 보세요. 몇 개의 별이 반짝이고 있어요.
도시의 빛이나 매연에 가려 잘 보이지 않을지도 모르지만
사실 우주에는 헤아릴 수 없이 많은 별이 촘촘하게 들어차 있답니다.
아주 오래전부터 우리 인간은 별이 어떻게 생겼는지 궁금해하고
우주의 너머까지 들여다보기 위해 노력했어요.
그 시작은 바로 망원경이랍니다.
렌즈, 거울, 그리고 안테나가 어우러진 다양한 망원경은
지금도 지구와 우주에서 먼 곳을 바라보며
우주의 공간뿐만 아니라 시간까지 헤아리고 있어요.
망원경의 기본인 빛의 성질부터 망원경도 보지 못하는
우주의 비밀까지 지금부터 함께 탐험해 봐요.
직접 망원경을 만들고 하늘을 바라보려 하는 천문대장과 함께요.

망원경 연구 단지 여행 안내

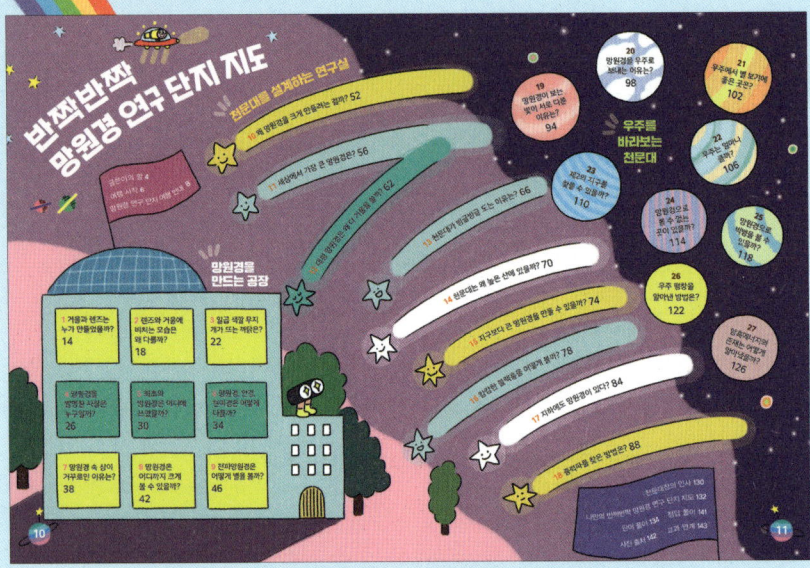

이 책은 여러분이 원하는 대로 읽을 수 있어요. 천문대장의 질문을 따라 여러분이 가고 싶은 곳으로 자유롭게 여행해 보아요.

1 이 새로운 연구 단지는 망원경에 대한 재미있는 질문과 답이 가득 담긴 세 개의 천문대로 이루어져 있어요. 연구 단지를 여행하는 순서는 여러분 마음대로예요. 맨 처음 질문부터 차례차례 이동해도 되고, 마음에 드는 질문부터 시작해도 괜찮답니다. 지도를 잘 보고 가장 궁금한 질문을 찾아서 페이지를 펼쳐 보아요.

우리 연구 단지는 여러 번 여행할수록 더 재미있어. 새로운 여행 때는 이전과 다른 질문부터 시작해 새로운 길을 찾아보자. 연구 단지에는 친구들이 둘러볼 멋진 장소가 아주 많으니까!

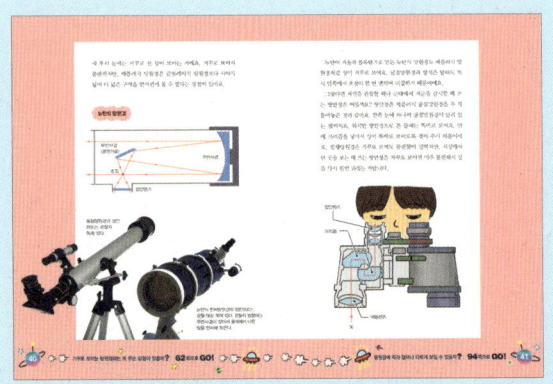

2 페이지 아래쪽에는 천문대장의 우주선이 떠다니고 있어요. 질문에 대한 답을 다 읽고 나면 천문대장이 어디로 가야 할지 갈림길이 나올 거예요. 여러분이 궁금한 곳으로 자유롭게 이동해 보세요.

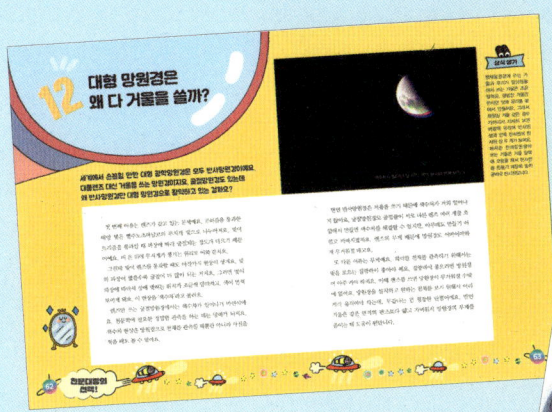

3 여행을 하다 보면 잘 모르는 단어나 내용이 나올지도 몰라요. 책 옆의 '상식 쌓기'를 참고하세요. 곳곳에 숨어 있는 '퀴즈'와 '궁금해!' 코너에서 재미있는 우주 이야기도 즐길 수 있답니다.

4 책 뒤에는 책 속에 나온 여러 가지 과학 용어에 대한 설명이 들어 있어요. 여행을 하면서 잘 모르는 단어가 나오면 적어 두었다가 단어 풀이로 내용을 확인해 보세요. 망원경에 대한 여러 가지 상식뿐만 아니라 과학 실력도 쑥쑥 늘어날 거예요!

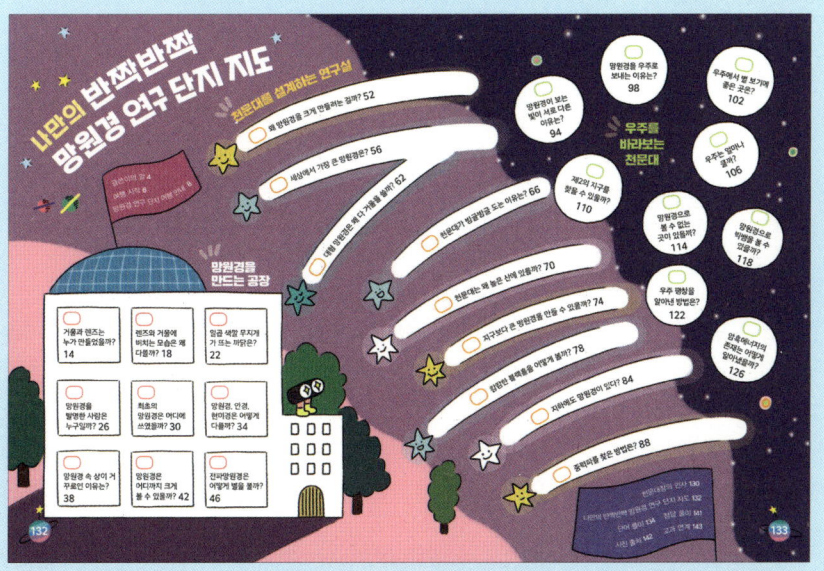

그럼 여행을 시작해 볼까? 궁금한 질문을 향해 나와 함께 GO!

5 여행을 마치고 나면 책 뒤에 있는 '나만의 반짝반짝 망원경 연구 단지 지도'를 만들어 보세요. 각 질문 위에 여행 순서를 적으면 된답니다. 빈 공간을 색칠해 예쁘게 꾸미면 더 재미있을 거예요.

우주를 바라보는 천문대

19 망원경이 보는 빛이 서로 다른 이유는? 94

20 망원경을 우주로 보내는 이유는? 98

21 우주에서 별 보기에 좋은 곳은? 102

22 우주는 얼마나 클까? 106

23 제2의 지구를 찾을 수 있을까? 110

24 망원경으로 볼 수 없는 곳이 있을까? 114

25 망원경으로 빅뱅을 볼 수 있을까? 118

26 우주 팽창을 알아낸 방법은? 122

27 암흑에너지의 존재는 어떻게 알아냈을까? 126

13 천문대가 빙글빙글 도는 이유는? 66

14 천문대는 왜 높은 산에 있을까? 70

15 지구보다 큰 망원경을 만들 수 있을까? 74

16 캄캄한 블랙홀을 어떻게 볼까? 78

17 지하에도 망원경이 있다? 84

18 중력파를 찾은 방법은? 88

천문대장의 인사 130
나만의 반짝반짝 망원경 연구 단지 지도 132
단어 풀이 134
사진 출처 142
정답 풀이 141
교과 연계 143

11

1 거울과 렌즈는 누가 만들었을까?

거울과 렌즈는 둘 다 빛이 움직이는 방향을 바꾸어 주는 도구예요. 하지만 어떻게 바꾸어 주느냐는 서로 다르지요. 이 둘은 서로 다른 방식의 망원경을 만드는 가장 중요한 부품이 되었답니다.

우리가 박물관에서 보는 과거의 금속 거울은 녹이 슬고 색깔이 어두워서 도무지 거울이라고 생각할 수 없어요. 하지만 그건 오랜 시간이 지났기 때문이고 실제로 그 거울을 사용했을 당시에는 표면이 매끄러워서 충분히 얼굴을 비추어 볼 수 있었어요.

거울과 렌즈는 다들 본 적이 있을 거예요. 특히 거울은 거의 매일 보지요. 거울은 빛을 반사해요. 거울에 들어온 빛을 그대로 튕겨내는 거예요. 튕겨내면서 각도는 틀어지지만, 빛이 거울을 통과하게 두지는 않아요. 들어온 빛을 되돌려 보내기 때문에 거울을 들여다보면 우리 얼굴을 볼 수 있어요. 몸단장을 할 때 거울은 필수지요.

거울에 관해 더 자세히 이야기해 볼게요. 거울처럼 들어온 빛을 그대로 반사하려면 표면이 아주 매끄러워야 해요. 그렇다면 최초의 거울은 무엇이었을까요? 기록에는 남아 있지 않지만, 아마도 물웅덩이였을 거예요. 잔잔하게 고인 물가에 서면 자신의 모습이 수면에 비치니까요. 그릇에 물을 떠 놓고 거울로 쓸 수도 있었을 거예요.

호수의 매끄러운 수면은 거울처럼 주위 모습을 비추어 준다.

그 뒤에 사람이 처음으로 만든 거울은 돌 거울이었어요. 예를 들어 화산 활동으로 생긴 흑요석은 표면이 유리처럼 매끄러워요. 그런 돌에 광을 내면 거울로 쓸 수 있어요.

금속을 사용할 수 있게 되면서부터는 구리나 청동의 표면을 매끄럽게 만들어서 거울로 썼어요. 이런 금속 거울은 기원전 수천 년 전부터 현재의 중동, 이집트, 중국 등 다양한 지역에서 사용했어요.

금속 거울은 돌 거울보다 빛을 더 잘 반사해서 또렷하게 볼 수

고대 이집트의 청동 거울

▲ 투명하고 둥근 돌은 렌즈와 비슷한 역할을 한다. 햇빛을 모아 무엇을 태울 수도 있다.

있어요. 하지만 돌보다 흠집이 잘 나고 녹이 슬지요. 그리고 돌과 금속 모두 원래 색이 있기 때문에 거울에 비친 모습이 실제 색과 다르기 일쑤예요. 초록 나뭇잎도, 파란 하늘도 모두 검거나 누렇게 비치는 거지요. 그래서 지금은 돌이나 금속을 거울 재료로 쓰지 않는답니다.

요즘은 거울을 만들 때 유리를 써요. 유리는 원하는 대로 모양을 만들기 쉬우면서 단단하고 표면이 매끄럽거든요. 다만 유리는 투명해서 빛이 통과해 버리기 때문에 물체의 모습이 잘 비치지 않아요. 그래서 유리 한쪽 면에 은같이 빛을 잘 반사하는 금속을 얇게 입혀서 거울로 만들어요.

 렌즈는 거울과 반대로 빛이 통과하게 만든 투명한 물체예요. 렌즈를 들여다보면 반대편의 모습을 볼 수 있지요. 렌즈는 들어오는 빛을 통과시키면서 방향을 바꾸어요. 이를 굴절이라고 해요. 빛의 방향이 꺾이기 때문에 왜곡되어 보인답니다.

 렌즈도 생각보다 역사가 길어요. 고대 그리스나 로마 사람들도 투명하고 둥근 돌이나 보석, 또는 물이 담긴 둥근 유리잔을 통해서 보면 물체를 크게 볼 수 있다는 사실을 알았었어요. 전해 내려오는 이야기에 따르면, 로마의 네로 황제는 보석인 에메랄드를 눈에 대고 검투사 경기를 봤다고 해요.

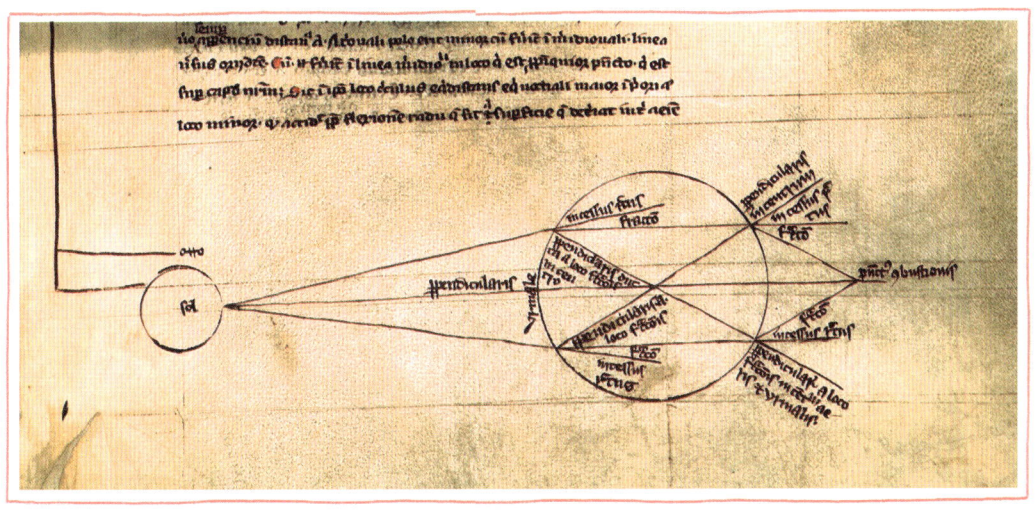

둥근 유리에서 빛이 어떻게 굴절되는지 연구한 결과가 담긴 중세 유럽의 문서

 유럽에서는 둥근 유리를 반으로 쪼개서 만든 렌즈를 책을 읽는 데 쓰기도 했어요. 그러다가 안경이 등장했지요. 처음에는 렌즈의 원리를 잘 몰라서 시행착오를 거치며 더 잘 보이는 안경을 만들어 나갔어요.

 유리를 깎아서 여러 가지 모양의 렌즈를 만들 수 있게 되면서 뉴턴, 데카르트, 갈릴레이, 케플러 같은 과학자들이 렌즈와 빛의 성질을 연구했어요. 그 결과 현미경과 망원경 같은 도구가 등장했답니다.

2. 렌즈와 거울에 비치는 모습은 왜 다를까?

거울을 똑바로 쳐다보세요. 여러분의 얼굴이 그대로 보이지요? 얼굴에서 반사되어 나온 빛이 거울에 다시 반사되어 우리 눈에 들어오기 때문이에요. 이렇게 거울은 빛을 반사해 되돌려 보내요.

거울이나 렌즈에 비친 물체의 모습을 '상'이라고 해.

거울이 빛을 항상 원래 위치로 되돌려 보내는 건 아니에요. 거울에 수직으로 들어온 빛만 그대로 되돌려 보내지요. 비스듬히 들어온 빛은 들어올 때와 같은 각도를 이루며 반대쪽으로 튕겨 나간답니다.

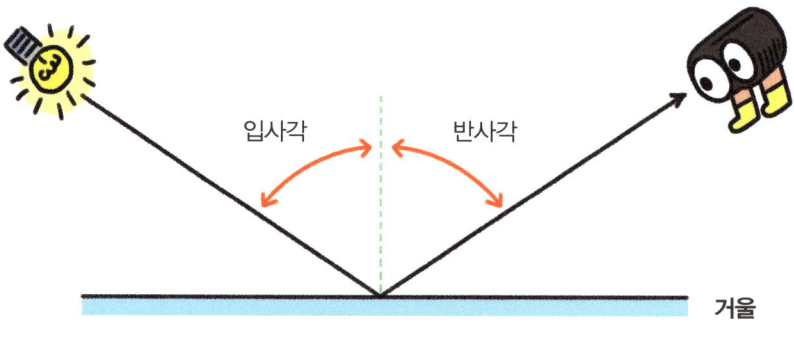

입사각과 반사각의 크기는 같다.

거울에 수직인 가상의 선이 있다고 할 때 그 선과 거울에 들어오는 빛 사이의 각을 입사각이라고 해요. 그 선과 거울에서 반사되어 나가는 빛 사이의 각은 반사각이라고 하고요. 입사각과 반사각은 언제나 같아요. 그래서 거울 속에는 물체의 크기가 같은 '상'이 생겨요.

그렇다면 한번 상상해 봐요. 만약 거울이 한쪽으로 휘어 있다면 어떻게 될까요? 보는 사람 쪽으로 볼록하게 나온 볼록거울은 반사한 빛을 바깥쪽으로 퍼뜨려요. 그래서 거울 뒤에 실제 물체보다 크기가 작은 상이 생기지요. 물체의 거리가 멀수록 더 작아 보여요. 그래서 볼록거울은 평면거울보다 더 넓은 범위를 보여 준답니다. 이런 성질 때문에 볼록거울은 뒤에 오는 차를 보여 주는 자동차의 사이드미러나 보이지 않는 곳에서 오는 자동차를 보기 위해 굽은 골목에 설치하는 반사경에 쓰이지요.

숟가락의 뒷면에 얼굴을 비추면 작게 보여요. 숟가락의 뒷면이 볼록거울 역할을 하거든요.

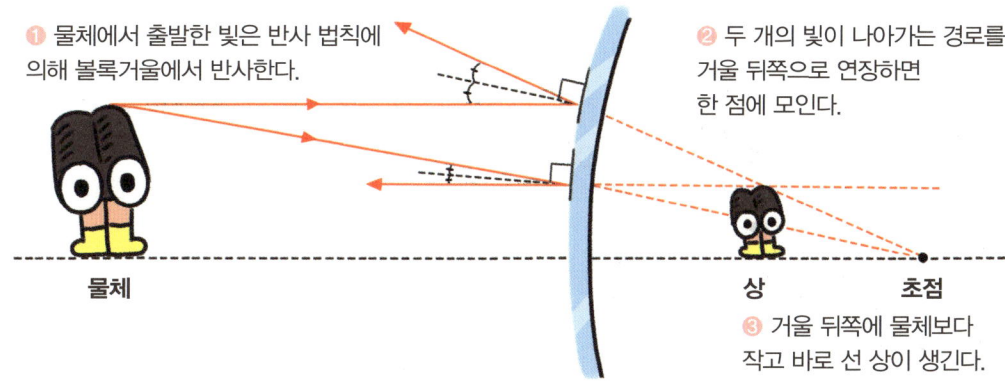

❶ 물체에서 출발한 빛은 반사 법칙에 의해 볼록거울에서 반사한다.

❷ 두 개의 빛이 나아가는 경로를 거울 뒤쪽으로 연장하면 한 점에 모인다.

물체   상   초점

❸ 거울 뒤쪽에 물체보다 작고 바로 선 상이 생긴다.

반대로 가운데가 오목하게 들어간 오목거울은 빛을 안쪽으로 모아요. 오목거울 앞에 물체를 놓으면 볼록거울과 반대로 큰 상이 생겨요. 물체가 멀어지면 뒤집힌 모습을 볼 수 있고요. 오목거울은 이처럼 확대하는 성질이 있어 입안의 이를 자세히 보기 위한 치과용 거울 같은 곳에 쓰인답니다.

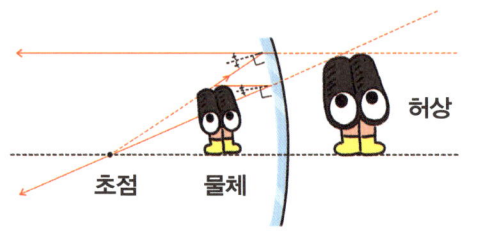

❶ 물체에서 출발한 빛은 오목거울에서 반사한다.
❷ 두 개의 빛이 나아가는 경로를 연장하면 거울 앞쪽의 한 점에 모인다.
❸ 거울 뒤쪽에 물체보다 크고 바로 선 상이 생긴다.

❶ 물체에서 출발한 빛은 오목거울에서 반사한다.
❷ 두 개의 빛이 나아가는 경로를 연장하면 거울 앞쪽의 한 점에 모인다.
❸ 거울 앞쪽에 물체보다 작고 거꾸로 선 상이 생긴다.

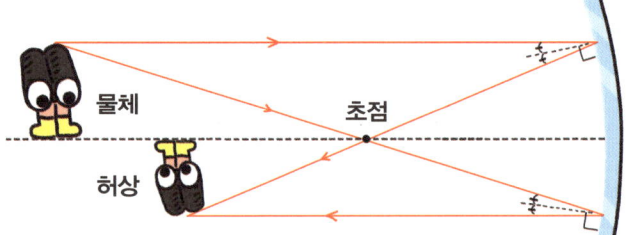

빛은 어떤 물질 속을 지나가다가 다른 물질을 만나면 방향이 바뀌는 성질이 있어요. 예를 들어 강가에서 물이 실제보다 얕아 보이는 건 바로 빛이 수면에서 방향이 바뀌기 때문이에요. 이런 현상을 굴절이라고 하지요.

X: 물체의 진짜 위치
Y: 우리 눈에 보이는 물체의 위치

빛이 공기 속을 지나가다가 유리를 만났을 때, 유리를 지나가다가 공기를 만났을 때도 굴절이 일어나요. 안경이나 망원경을 만드는 데 쓰이는 렌즈가 바로 이 원리를 이용해요.

렌즈를 통해 물체를 보면 실제보다 크거나

작게 보여요. 물체에서 나온 빛이 렌즈를 통과할 때 꺾이면서 이런 마법을 부리지요.

볼록렌즈로 어떤 물체를 보면 맨눈으로 볼 때보다 크게 보여요. 볼록렌즈는 물체에서 나온 빛을 가운데로 모아 줘요. 우리 눈은 렌즈를 통과한 뒤의 빛을 보기 때문에 아래 그림처럼 우리 눈에는 실제보다 큰 상이 보이게 되지요. 물체가 멀리 있는 경우에는 거꾸로 보이기도 한답니다.

볼록렌즈와 반대로 오목렌즈로 어떤 물체를 보면 맨눈으로 볼 때보다 작아 보이지요. 오목렌즈는 빛을 바깥쪽으로 퍼지게 하기 때문에 상이 작아지는 거예요.

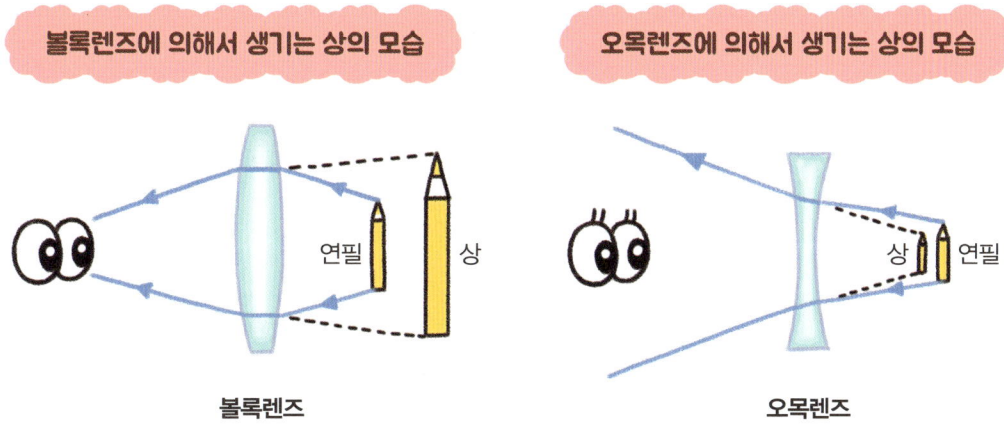

빛을 모아 주는 볼록렌즈의 경우 렌즈를 통과한 빛이 한 점에 모이는 지점이 있어요. 이 점을 바로 초점이라고 해요. 만약 물체가 초점 위에 있다면 상은 맺히지 않아요. 물체가 초점 밖으로 더 멀리 나가면 우리는 거꾸로 맺힌 상을 볼 수 있지요.

빛을 안쪽으로 모아주는 오목거울도 볼록렌즈처럼 초점이 있어요. 볼록렌즈와 오목거울에 축과 평행하게 들어온 빛은 모두 초점을 지나지요. 초점은 빛 에너지가 모이는 곳이라 매우 뜨거워질 수 있어요. 볼록렌즈나 오목거울로 햇빛을 한 지점에 모으면 물체를 불태울 수도 있답니다.

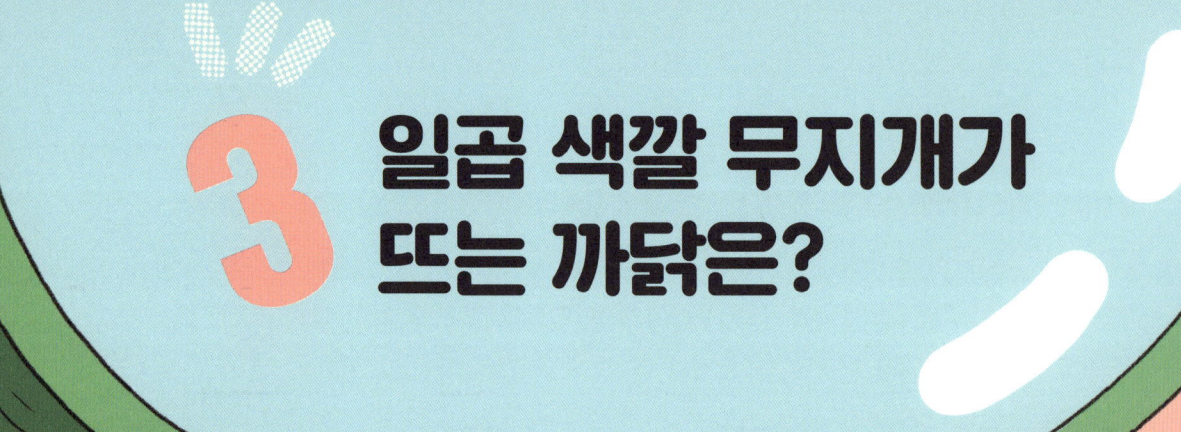

3 일곱 색깔 무지개가 뜨는 까닭은?

빨간색 사과가 있어요. 밝은 곳에서 보면 빨갛게 보여요. 그런데 밤에 불을 꺼서 사과가 어둠 속에 잠겼다고 생각해 보세요. 그때도 사과는 여전히 빨간색일까요?

실제로 고대 그리스의 철학자들은 이런 주제를 놓고 토론했어요. 어떤 사람은 빛이 없으면 색깔도 없어진다고 주장했어요. 하지만 유명한 철학자인 아리스토텔레스는 빛이 없어도 우리 눈에 보이지 않을 뿐 색깔은 존재한다고 주장했지요. 색깔이 물체의 고유한 성질이라고 생각했던 거예요.

아리스토텔레스에 이론에 따르면, 색은 빛에 어둠 또는 그림자가 적절히 섞여서 생겨요. 빛은 흰색이고 어둠은 검은색이니 빨간색, 파란색, 노란색 같은 여러 색깔이 그 사이에 있는 거지요. 아리스토텔레스는 비가 오고 나면 뜨는 무지개도 공기 중의 물방울 그림자가 빛에 섞여서 나타난다고 생각했어요. 아리스토텔레스의 생각대로라면 보라색에 가까울수록 그림자가 많이 섞인 색이랍니다.

그런데 17세기 유럽에서 과학혁명이 일어나면서 빛과 색에 관한 아리스토텔레스의 이론이 틀렸다고 생각하는 사람들이 나타났어요. 색깔이 물체의 고유한 성질이 아니라 빛을 반사한 것뿐이라는 이론이 등장했지요. 이 이론을 믿는 사람들은 물체가 빛을 반사하는 정도에 따라 노란색이나 파란색 같은 색깔이 나타난다고 설명했어요. 또 빛을 모두 반사하면 흰색, 빛을 전혀 반사하지 않으면 검은색이에요.

당시 사람들은 빛의 굴절에 관해서도 알고 있었어요. 둥근 유리구슬 속에 물을 채우고 빛을 비추어 보면 무지개와 같은 색이 나타난다는 사실도 알고 있었지요. 여러 과학자가 빛이 굴절할 때 색이 생기는 이유를 놓고 고민했어요.

"나는 생각한다. 고로 존재한다"라는 유명한 말을 남긴 프랑스 철학자 데카르트는 과학자기도 했어요. 그는 빛의 입자가 유리를 통과하면서 회전 속도가 달라진다고 생각했지요. 회전 속도가 서로 다른 입자가 망막을 자극하면, 우리가 색을 볼 수 있다는 이론이었답니다.

영국의 과학자 아이작 뉴턴은 다르게 생각했어요. 뉴턴은 방의 창문을 가려서 어둡게 하고 창문을 가린 막에 작은 구멍을 냈어요. 이 구멍으로 들어오는 빛줄기를 프리즘에 통과시키자 무지개가 나타났어요. 무지개를 다시 프리즘에 통과시키자 이번에는 원래처럼 하얀 태양 빛이 나타났지요.

상식 쌓기

신비로운 자연 현상인 무지개는 옛날부터 여러 가지를 상징했어요. 기독교에서는 창세기에 등장해요. 대홍수 이후에 다시는 홍수로 생명을 없애지 않겠다고 약속하는 표시지요. 북유럽 신화에서는 인간과 신의 세상을 잇는 무지개 다리가 있어요. 무지개가 끝나는 지점에 보물이 든 항아리가 묻혀 있다는 전설도 있지요.

태양 빛을 프리즘에 통과시키면 무지개색으로 나뉜다. 이 무지개를 프리즘에 다시 통과시키면 하얀 태양 빛으로 합쳐진다.

뉴턴은 종이에 틈을 내서 한 가지 색만 프리즘으로 통과시키는 실험도 해 보았어요. 나머지 색을 막고 빨간색만 프리즘에 통과시키자 빨간색이 그대로 나왔지요. 뉴턴은 태양 빛에 여러 가지 색의 빛이 모두 섞여 있다는 결론을 내렸어요. 그러면 물체의 색도 설명할 수 있었지요. 빨간색 사과는 여러 가지 색의 빛 중에서 빨간 빛만 반사해서 빨갛게 보이는 거예요. 초록색 나뭇잎은 초록 빛만 반사하고요.

오늘날 우리는 태양 빛에 여러 파장의 빛이 섞여 있다는 사실을 알고 있어요. 태양 빛이 프리즘을 통과했을 때 무지개색이 나오는 건 파장에 따라 굴절되는 정도가 다르기 때문이에요. 우리 눈에 보이는 가시광선 중에서는 빨간색 빛이 가장 적게 꺾이고, 주황색, 노란색, 초록색 순서로 더 꺾이지요. 보라색이 가장 많이 꺾이고요.

무지개는 비가 온 뒤에 공기 중에 떠 있는 수많은 물방울 속에서 태양 빛이 반사되고 굴절되면서 마치 프리즘을 통과할 때처럼 여러 가지 색으로 나뉘기 때문에 생기는 거예요. 여러 가지 조건이 맞아야 해서 자주 보기는 어려워요. 원래는 둥근 모양이지만, 지상에서 볼 때는 절반만 볼 수 있어서 반원 모양이지요.

사실 무지개는 일곱 가지 색깔이 아니에요. 빛의 파장은 연속적이어서 각 색을 나누는 경계가 없어요. 다만 빨주노초파남보 색깔이 우리 눈에 뚜렷하게 보여서 일곱 가지라고 부를 뿐이랍니다.

무지개가 생기는 원리. 무지개는 원래 항상 쌍으로 생긴다. 그러나 보통 바깥쪽의 무지개는 흐려서 보이지 않는 경우가 많다. 이때 안쪽과 바깥쪽 무지개의 빛 굴절 각도가 각각 다르기 때문에 바깥쪽 무지개는 안쪽과 반대 방향으로 색이 배열된다.

가시광선 말고 다른 빛을 보는 망원경도 있을까? 46쪽으로 GO!

4 망원경을 발명한 사람은 누구일까?

1608년 네덜란드의 한스 리퍼세이는 렌즈를 이용해 멀리 있는 물체도 가까이 있는 것처럼 볼 수 있는 도구에 관한 특허를 신청했어요. 공식적으로 남아 있는 망원경에 관한 최초의 기록이에요.

상식 쌓기

망원경(telescope)이라는 이름은 1611년에 지오반니 데미시아니라는 그리스 과학자가 지었어요. 멀다는 뜻의 tele와 본다는 뜻의 skopein을 합쳐서 만든 단어예요.

리퍼세이가 망원경을 최초로 만든 사람인지는 확실하지 않아요. 리퍼세이보다 몇 주 뒤에 야콥 메티우스라는 사람도 비슷한 특허를 신청했는데 정부는 리퍼세이의 발명품이 여기저기 많이 알려져 있다는 이유로 특허를 주지 않았어요. 어쩌면 우리가 모르는 누군가가 망원경을 처음 만들었고, 리퍼세이는 단순히 특허를 가장 먼저 신청했을 뿐인지도 몰라요.

망원경을 사용하는 사람을 묘사한 17세기 초의 그림

리퍼세이가 만든 도구에 관한 이야기는 유럽 곳곳으로 퍼져 나갔어요. 이탈리아의 과학자 갈릴레오 갈릴레이도 이 소식을 들었지요. 1609년, 갈릴레이는 직접 볼록렌즈와 오목렌즈를 가지고 망원경을 만들었어요. 얼마 뒤에는 성능을 높인 두 번째 망원경을 만들었지요. 이 능력 덕분에 갈릴레이는 많은 돈을 받으며 대학교에서 강의를 할 수 있게 되었답니다.

그 뒤로도 갈릴레이는 계속해서 망원경을 고쳐 나갔어요. 처음 만든 망원경은 배율이 3배에 불과했지만, 마지막으로 만든 건 20배가 넘었답니다. 여기서 배율은 물체를 몇 배나 크게 볼 수 있는지를 나타내요.

갈릴레오 갈릴레이(오른쪽)가 자신의 망원경으로 달을 관찰하고 남긴 스케치(위쪽)

우주의 거리는 빛을 기준으로 나타내. 1광년은 빛이 1년 동안 가는 거리야.

몇 년 뒤, 천문학자인 요하네스 케플러는 갈릴레이가 만든 망원경을 더 좋게 만들 수 있는 방법을 생각해 냈어요. 볼록렌즈와 오목렌즈를 조합하는 대신 볼록렌즈 두 개로 만드는 거였지요. 갈릴레이와 케플러의 망원경 모두 렌즈의 굴절을 이용하므로 굴절 망원경이라고 해요. 어떤 렌즈를 쓰느냐에 따라 갈릴레이식과 케플러식으로 구분하지요.

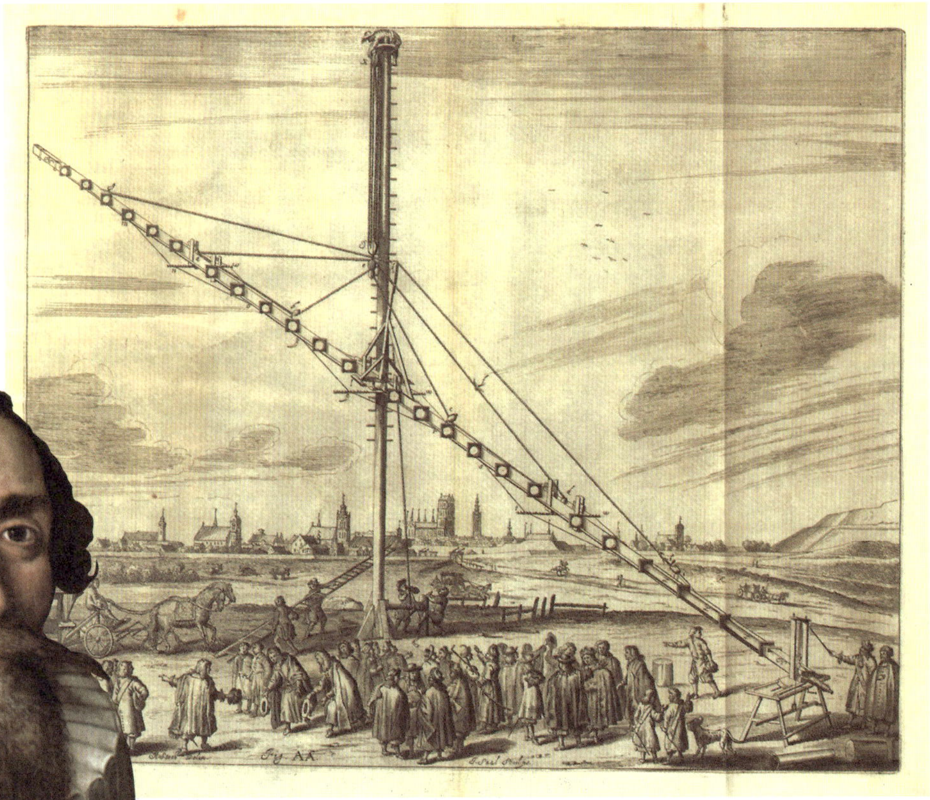

17세기 천문학자 요하네스 헤벨리우스가 만든 거대한 케플러식 망원경을 묘사한 그림. 케플러식 망원경은 요하네스 케플러(왼쪽)가 만들었다.

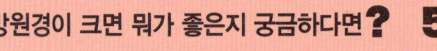 망원경이 크면 뭐가 좋은지 궁금하다면? **52쪽으로 GO!**

그로부터 약 60년이 지난 뒤 영국 물리학자 아이작 뉴턴은 오목거울과 볼록렌즈를 조합한 반사망원경을 만들었어요. 오목거울로 먼저 빛을 반사한 뒤에 볼록렌즈로 모아서 보는 방식이에요. 이런 망원경을 반사망원경이라고 해요. 발명한 사람의 이름을 따서 뉴턴식 망원경이라고도 부르지요. 거울은 렌즈보다 크기를 키우기 쉬워요. 그래서 망원경은 점점 커지며 발전할 수 있었어요. 요즘에는 지름이 8에서 10미터인 망원경도 흔하게 쓰여요. 수십억 광년 떨어진 은하까지 볼 수 있을 정도로 성능도 좋아졌답니다.

뉴턴식 반사망원경

한편, 더 오랜 시간이 흐른 20세기가 되어서는 우리 눈에 보이지 않는 전파를 '보는' 전파망원경이 등장했어요. 1930년대에 전파를 이용해 우주를 연구하던 과학자들이 접시 모양의 전파망원경을 만들었지요. 전파를 이용하면서 그전까지는 볼 수 없었던 우주의 새로운 모습을 볼 수 있게 되었어요.

그 뒤로 적외선이나 엑스선, 감마선 같은 또 다른 파장의 빛을 관측하는 망원경도 등장했어요. 오늘날 지구 위와 우주 공간에서는 다양한 망원경이 쉬지 않고 우주의 비밀을 밝히기 위해 눈을 크게 뜨고 있답니다.

지구보다 큰 망원경도 만들 수 있을까? **74쪽으로 GO!**

5 최초의 망원경은 어디에 쓰였을까?

멀리 떨어져 있는 물체를 볼 수 있는 망원경은 매우 편리한 도구였어요. 군대에서는 멀리서 적진을 조사하는 데 썼어요. 드넓은 바다를 항해할 때도 아주 유용했을 거예요.

어떤 한 분야는 특별히 더 망원경의 덕을 보았어요. 정말로 멀리 떨어져 있는 것을 보는 분야, 바로 천문학이었지요. 갈릴레오 갈릴레이는 망원경을 완성하자마자 곧바로 천체 관

허블 우주망원경으로 찍은 달의 표면. 오래 전부터 사람들은 달을 관측해 왔다.

측에 나섰어요. 아마도 달을 가장 먼저 관측했을 거예요.

사실 갈릴레이보다 먼저 망원경으로 달을 관찰한 사람이 있었어요. 영국의 수학자이자 천문학자인 토머스 해리엇이었지요. 해리엇은 갈릴레이보다 몇 달 앞서 달 지도를 그렸지만, 사람들에게 널리 발표하지 않아서 유명해지지 못했어요.

갈릴레이는 해리엇과 달랐어요. 망원경으로 관측한 달 표면의 지도를 그리고, 밝은 부분과 어두운 부분이 무엇을 의미하는지 생각했어요. 계속 관측해 보니 어두운 부분의 경계가 시간에 따라 움직이는 게 보였어요. 갈릴레이는 이게 산이나 계곡 같은 곳의 그림자라고 생각했어요. 태양 빛이 기울어지면 그림자가 달라지니까 어두운 부분이 변한다는 거였지요.

갈릴레이의 생각은 아주 중요했어요. 그때까지 유럽의 사람 대부분이 믿고 있던 아리스토텔레스의 이론에 따르면, 달은 흠 집 하나 없이 매끄러웠어야 했어요. 그래서 당시의 교회는 달이 울퉁불퉁하다는 갈릴레이의 주장을 인정하지 않았어요. 달이 울퉁불퉁하다는 사실을 사람들이 믿기 시작한 건 시간이 조금 지난 뒤였지요.

갈릴레이는 목성도 망원경으로 관찰해 위성 네 개를 발견했어요. 또 금성이 달처럼 모양이 변한다는 사실도 알아냈고요. 갈릴레이의 발견으로 지구가 우주의 중심이라는 천동설을 의심하는 사람들이 하나둘씩 늘어났어요. 천동설에 따르면 우주의 모든 천체는 지구 주위를 돌아요. 하지만 위성이 목성 주위를 돌고 있다는 사실은 모든 천체가 지구 주위를 돌고 있지 않다는 증거예요. 지구도 목성의 위성처럼 다른 천체의 주위를 돌 수 있는 거지요.

갈릴레이가 찾은 목성의 4대 위성. 왼쪽부터 이오, 유로파, 가니메데, 칼리스토다.

눈으로 볼 때는 몰랐던 금성의 모양도 천동설이 틀렸다는 증거였어요. 금성이 지구 주위를 돈다면 나타날 수 없는 모양이었기 때문이지요. 반대로 금성과 지구가 함께 태양 주위를 돌아야 나올 수 있는 모양이었어요. 이런 증거 덕분에 많은 사람이 코페르니쿠스의 지동설, 다시 말해 지구가 태양의 주위를 돈다는 이론을 믿기 시작했답니다.

하지만 갈릴레이도 토성의 모습을 제대로 볼 수 없었어요. 갈릴레이는 토성에 귀 같은 게 붙어 있다고 생각했지요. 몇 십 년 뒤 네덜란드 천문학자 크리스티안

크리스티안 하위헌스

하위헌스는 지름이 6센티미터인 망원경을 만들어 토성을 관측했어요. 그러곤 갈릴레이가 말한 귀가 바로 토성의 고리였다는 사실을 알아냈지요. 하위헌스는 토성의 가장 큰 위성인 타이탄을 발견하기도 했답니다.

망원경이 나타나면서 눈으로 우주와 천체를 바라보던 시절은 끝났어요. 천문학자들은 계속 더 큰 망원경을 만들어 하늘을 관측하며 새로운 사실을 알아 나갔지요. 영국의 천문학자 윌리엄 허셜은 1789년에 지름이 120센티미터나 되는 망원경을 만들었어요. 허셜은 이 망원경으로 토성의 작은 위성들을 발견했답니다.

윌리엄 허셜(왼쪽)과 허셜이 만든 지름 120센티미터짜리 망원경

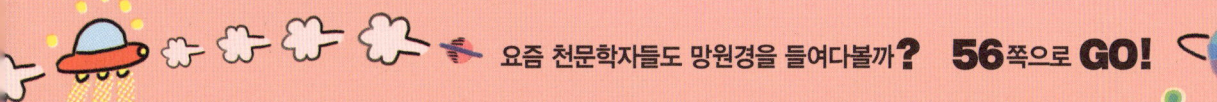

요즘 천문학자들도 망원경을 들여다볼까? 56쪽으로 GO!

6 망원경, 안경, 현미경은 어떻게 다를까?

안경을 쓴 사람은 어디서나 쉽게 찾을 수 있어요. 그리고 현미경도 과학실 같은 실험실에서 쉽게 볼 수 있지요. 둘은 망원경과 아주 비슷하지만 용도는 제각각 다르답니다.

안경은 맨눈으로 선명하게 보지 못하는 사람들이 시력을 교정하기 위해 쓰는 도구예요. 우리 눈에는 천연 렌즈가 들어 있는데, 이를 수정체라고 해요. 수정체는 볼록렌즈와 비슷한 모양이지요.

우리가 물체를 보기 위해서는 물체에서 나온 빛이 수정체를 통과한 뒤 망막에 상이 맺혀야 해요. 이때 초점이 망막 위에 맺혀야 물체가 선명하게 보여요. 만약 초점이 망막 앞이나 뒤쪽에 맺힌다면 물체는 흐리게 보일 수밖에 없어요.

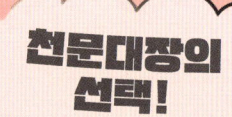
천문대장의 선택!

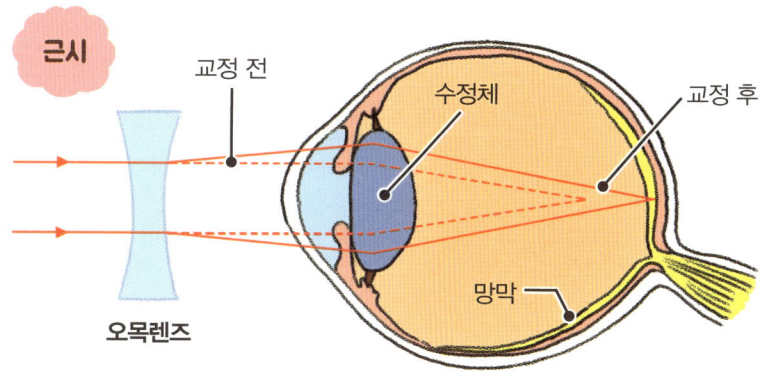

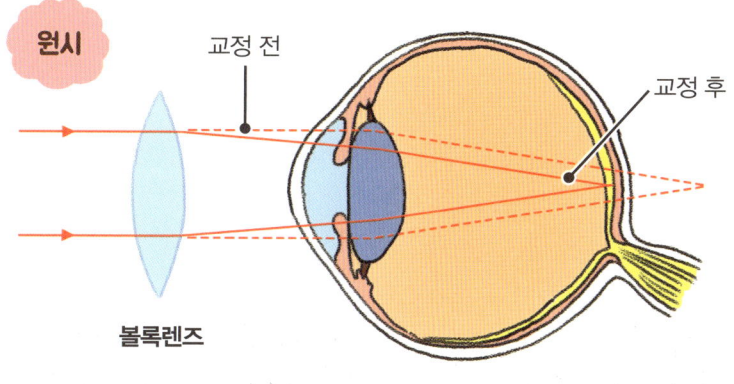

초점이 망막 앞에 맺히는 경우를 근시라고 해요. 근시는 가까운 곳의 물체는 잘 보지만, 멀리 있는 물체는 잘 보지 못해요. 근시인 사람들은 오목렌즈가 달린 안경을 써야 해요. 오목렌즈는 초점을 뒤로 밀어 상이 망막 위에 맺히게 해 준답니다.

반대로 망막 뒤에 맺히는 경우는 원시예요. 이 경우에는 가까이 있는 물체가 잘 보이지 않아요. 이때는 볼록렌즈로 초점을 앞으로 당겨서 상이 망막 위에 맺히게 하면 돼요. 노인들은 대부분 원시이기 때문에 돋보기를 써야 작은 글씨를 볼 수 있답니다.

다초점 렌즈로 만든 안경도 있어요. 다초점 렌즈는 일부분은 볼록렌즈이고, 일부분은 평평하거나 오목렌즈인 렌즈예요. 가까운 곳을 볼 때는 볼록렌즈 부분을 통해 보고, 먼 곳을 볼 때는 오목렌즈 부분을 통해서 볼 수 있지요.

현미경과 망원경은 어떻게 다를까요? 현미경은 망원경과 마찬가지로 렌즈를 이용하지만 용도가 서로 달라요. 망원경이 멀리 떨어져 있는 물체를 보는 도구인 반면 현미경은 가까운 곳에 있는 물체를 크게 확대해서 보는 도구지요. 현미경 덕분에 미생물이나 세포 같은 아주 작은 존재를 찾고 연구할 수 있었답니다.

사실 현미경도 망원경과 비슷한 시기에 등장했어요. 그리고 현미경을 발전시키기 위해 여러 사람이 노력했지요. 그중 가장 큰 역할을 한 사람이 영국의 로버트 훅과 네덜란드의 안톤 판 레이우엔훅이에요.

훅(왼쪽)과 레이우엔훅(오른쪽)은 둘 다 비슷한 시기에 현미경을 발명했다.

상식 쌓기

레이우엔훅은 원래 포목상이었어요. 천을 파는 상인이라는 뜻이에요. 레우엔훅은 자신이 파는 천의 품질을 확인하기 위해서 확대경을 이용했는데, 그보다 더 자세히 보고 싶어서 연구하다가 현미경을 만들게 되었답니다.

훅은 현미경을 만들어 벼룩이나 이 같은 작은 동물을 관찰해 굉장히 상세한 그림으로 남겼어요. 레이우엔훅도 300배까지 확대할 수 있는 현미경을 만들어 미생물을 발견하는 업적을 남겼답니다.

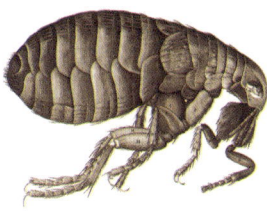

훅의 현미경(왼쪽)과
훅이 직접 그린 벼룩(오른쪽)

망원경과 현미경, 한눈에 비교하기

망원경	현미경
멀리 떨어져 있는 큰 물체를 자세히 본다.	가까운 곳에 있는 작은 물체를 자세히 본다.
따로 조명이 필요 없다.	물체를 비추는 인공 조명이 필요하다.
렌즈의 지름이 크다. 건물만큼 큰 망원경도 있다.	렌즈의 지름이 작다. 현미경은 책상 위에 둘 정도로 작다.
대물렌즈(물체 쪽 렌즈)의 초점 거리가 접안렌즈(눈 쪽 렌즈)의 초점 거리보다 크다.	접안렌즈의 초점 거리가 대물렌즈의 초점 거리보다 크다.

더 크게 확대하려면 어떻게 해야 하는지 궁금하다면? **42쪽으로 GO!**

1 망원경 속 상이 거꾸로인 이유는?

재미있게도 어떤 망원경으로 보면 상이 거꾸로 보여요. 이러면 보고자 하는 물체나 천체의 모습을 바로 이해하기 어렵지요. 왜 이런 망원경을 만든 걸까요?

렌즈만을 이용해 만드는 망원경을 굴절망원경이라고 해요. 빛의 굴절을 이용하기 때문이에요. 그중에서도 볼록렌즈와 오목렌즈를 이용해서 만든 것을 갈릴레이식 망원경이라고 부르지요. 갈릴레이가 두 가지 렌즈를 합쳐 망원경을 만들었기 때문이에요.

갈릴레이식 망원경에서 물체 쪽에 놓는 대물렌즈는 볼록렌즈이고, 눈에 대는 접안렌즈는 오목렌즈예요. 볼록렌즈에 의해 가운데 쪽으로 꺾인 빛은 망원경 안쪽에서 초점이 맺히기 전에 오목렌즈를 지나며 다시 살짝 바깥쪽으로 꺾여서 우리 눈에 들어와요. 그 결과 빛이 뒤집어지지 않

뉴턴식 망원경으로 본 달. 30쪽의 달과 비교해 보면 거꾸로 뒤집힌 걸 알 수 있다.

갈릴레이식 망원경

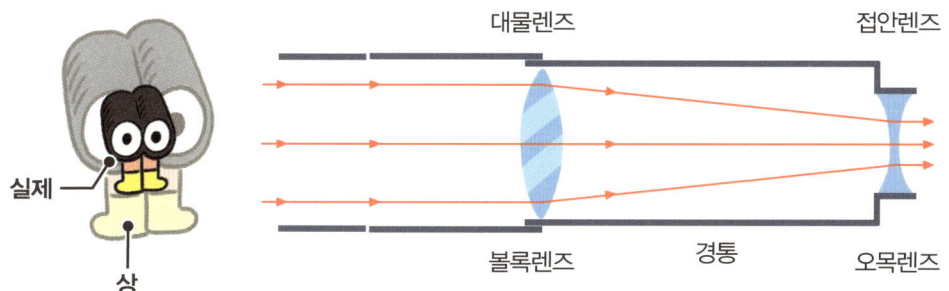

고, 우리 눈에는 실제보다 크지만 방향은 똑같은 상이 맺힌답니다.

거꾸로 보이는 망원경은 갈릴레이와 비슷한 시대에 살았던 천문학자 요하네스 케플러가 만들었어요. 이 망원경도 굴절망원경이기 때문에, 갈릴레이의 망원경과 구별하기 위해 케플러식이라고 불러요.

케플러식 망원경은 대물렌즈와 접안렌즈가 모두 볼록렌즈로 이루어진 망원경이에요. 대물렌즈를 지나며 꺾인 빛은 망원경 안쪽에서 초점을 맺힌 뒤에 접안렌즈를 통과하며 다시 모여요. 안쪽에서 빛이 한 번 뒤집히기 때문

케플러식 망원경

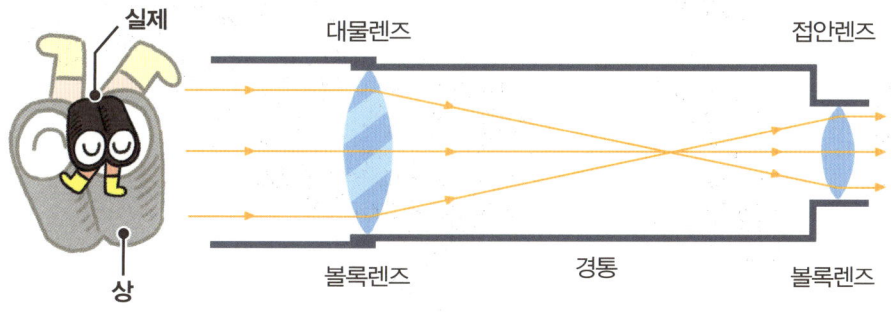

에 우리 눈에는 거꾸로 선 상이 보이는 거예요. 거꾸로 보여서 불편하지만, 케플러식 망원경은 갈릴레이식 망원경보다 시야가 넓어 더 넓은 구역을 한꺼번에 볼 수 있다는 장점이 있어요.

뉴턴식 망원경

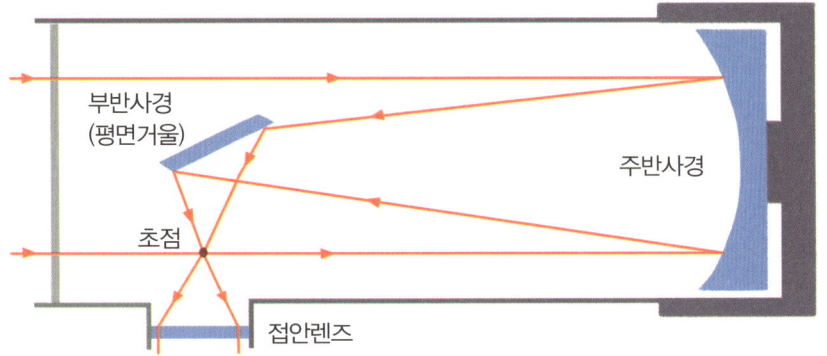

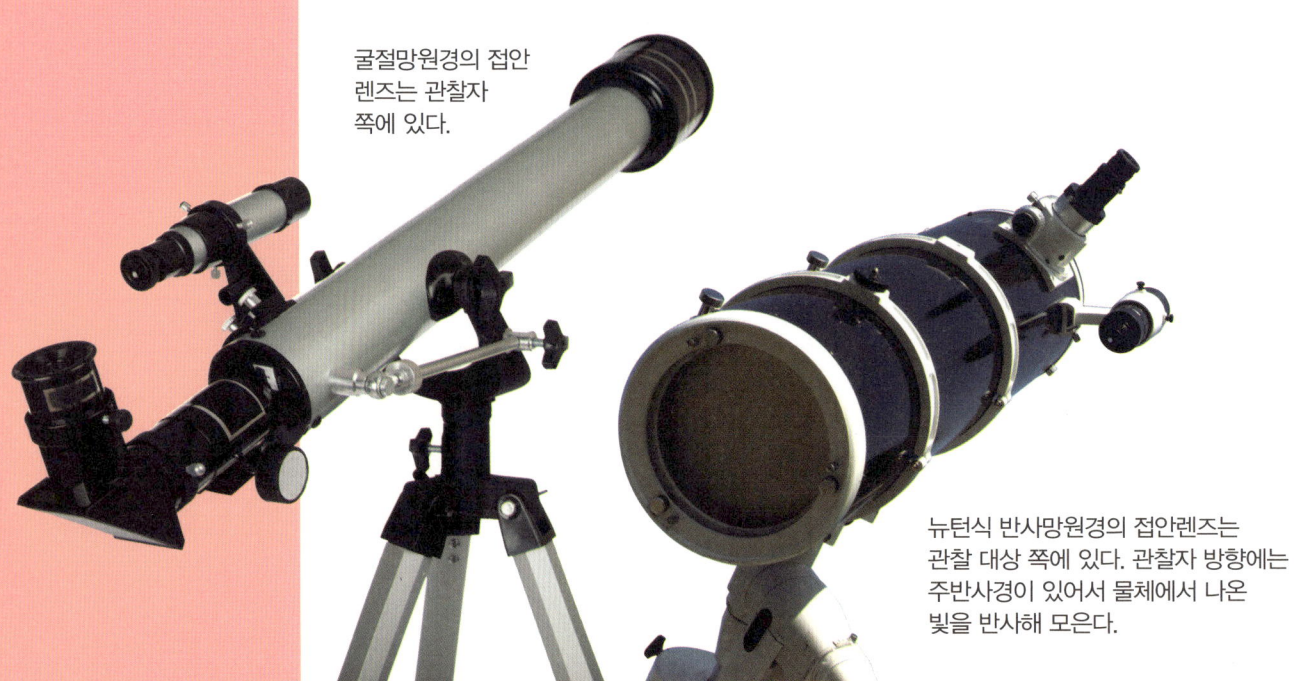

굴절망원경의 접안렌즈는 관찰자 쪽에 있다.

뉴턴식 반사망원경의 접안렌즈는 관찰 대상 쪽에 있다. 관찰자 방향에는 주반사경이 있어서 물체에서 나온 빛을 반사해 모은다.

거꾸로 보이는 망원경에는 또 무슨 장점이 있을까? **62쪽으로 GO!**

뉴턴이 거울과 볼록렌즈로 만든 뉴턴식 망원경도 케플러식 망원경처럼 상이 거꾸로 보여요. 굴절망원경과 방식은 달라도 역시 안쪽에서 초점이 한 번 맺히며 뒤집히기 때문이에요.

그렇다면 자연을 관찰할 때나 군대에서 적군을 감시할 때 쓰는 쌍안경은 어떨까요? 쌍안경은 케플러식 굴절망원경을 두 개 붙여놓은 것과 같아요. 한쪽 눈에 하나씩 굴절망원경이 달려 있는 셈이지요. 하지만 쌍안경으로 본 물체는 똑바로 보여요. 안에 프리즘을 넣어서 상이 똑바로 보이도록 꺾어 주기 때문이에요. 천체망원경은 거꾸로 보여도 불편함이 덜하지만, 지상에서 먼 곳을 보는 데 쓰는 쌍안경은 거꾸로 보이면 아주 불편해서 상을 다시 한번 뒤집는 거랍니다.

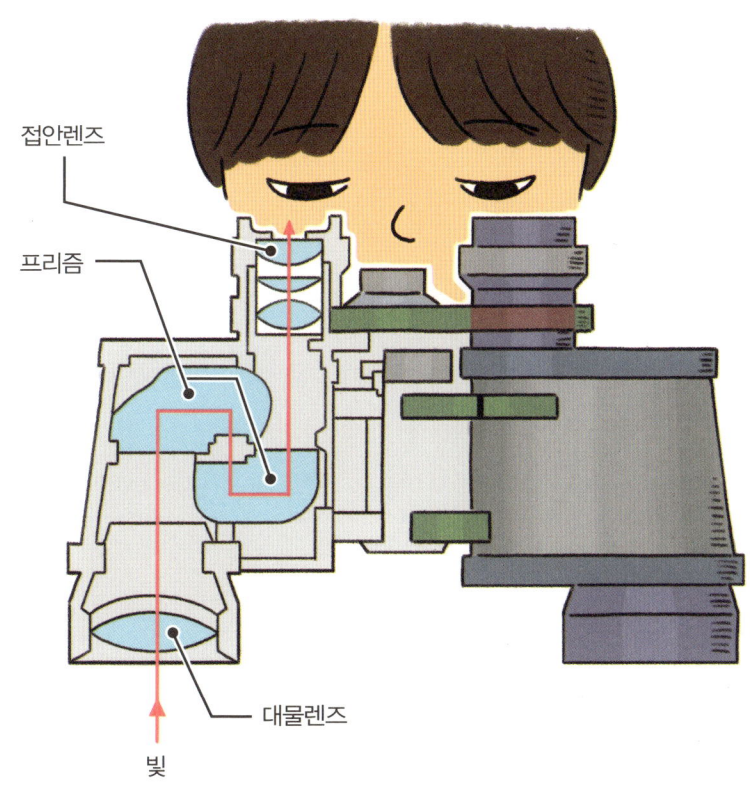

8 망원경은 어디까지 크게 볼 수 있을까?

돋보기를 쓰면 개미처럼 작은 생물이나 깨알같이 작은 글씨를 확대해서 볼 수 있어요. 볼록렌즈가 실제 물체보다 큰 상을 맺히게 하기 때문이에요. 그럼 볼록렌즈로 어디까지 크게 볼 수 있을까요?

돋보기를 앞뒤로 움직여 보면 물체의 상이 변하는 것을 알 수 있어요. 확대되어 보이는 크기가 달라지기도 하고, 흐려져서 잘 안 보이게 되기도 해요. 우리 눈과 물체 사이의 거리에 따라서도 달라지고요. 멀리 있는 물체는 거꾸로 보이기도 하지요.

볼록렌즈를 통해 물체를 어떻게 볼 수 있는지 좀 더 자세히 알아볼게요. 먼저 물체가 볼록렌즈의 초점 밖에 있을 때예요. 이때는 렌즈 반대쪽에 거꾸로 선 물체의 상이 생겨요. 물체가 초점에서 멀어질수록 상이 작아지고 가까워질수록 상이 커지지요.

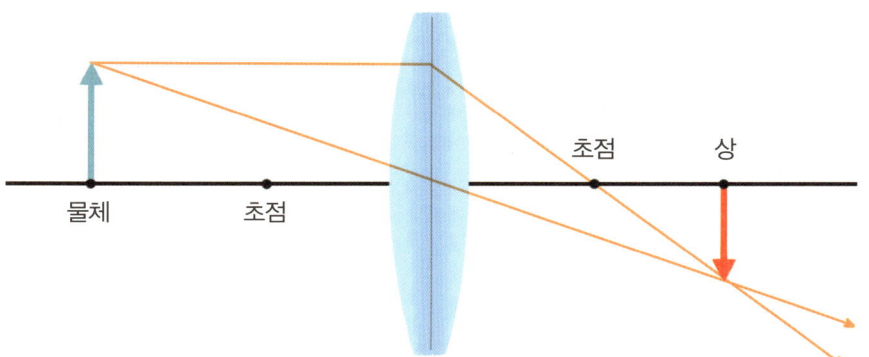

이론상으로는 현미경의 배율을 2,000배 넘게도 만들 수 있지만, 실제로 빛을 이용해서 보는 광학현미경의 경우 배율 한계는 약 1,500배예요. 이 이상으로 확대하면 우리 눈에 보이는 가시광선의 파장 때문에 선명하게 보이지 않거든요. 그래서 더 크게 확대해서 아주 작은 물체를 볼 때는 전자현미경을 사용해야 해요.

두 번째는 물체가 초점 거리에 놓일 때예요. 돋보기가 있으면 직접 관찰해 보세요. 렌즈를 물체에 가까이 가져가다 보면 점점 커지며 흐려지다가 어느 순간 보이지 않을 거예요. 거기서 좀 더 가까이 가면 확대된 상이 똑바로 보이지요. 물체가 보이지 않는 건 물체가 초점 거리에 놓였을 때랍니다.

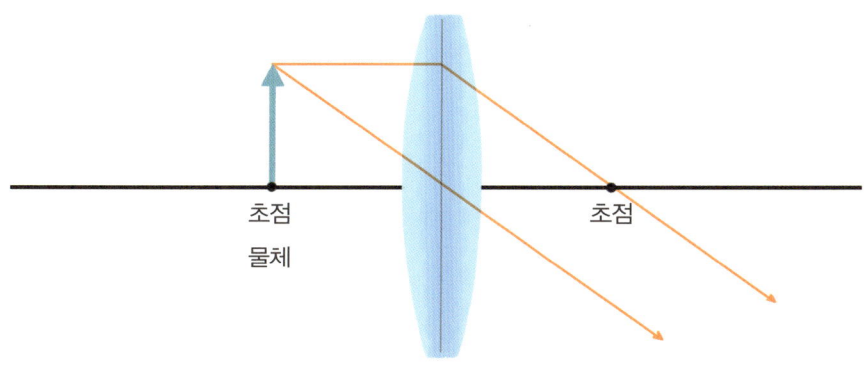

마지막으로 물체가 초점 안쪽으로 들어오면 똑바로 선 물체의 상이 보여요. 실제보다 큰 상을 볼 수 있지요. 우리가 돋보기로 작은 글씨를 확대해서 보는 건 바로 이런 경우에 해당한답니다. 물체가 렌즈에 아주 가까워지면 확대가 거의 되지 않아 실제 크기와 비슷하게 보여요.

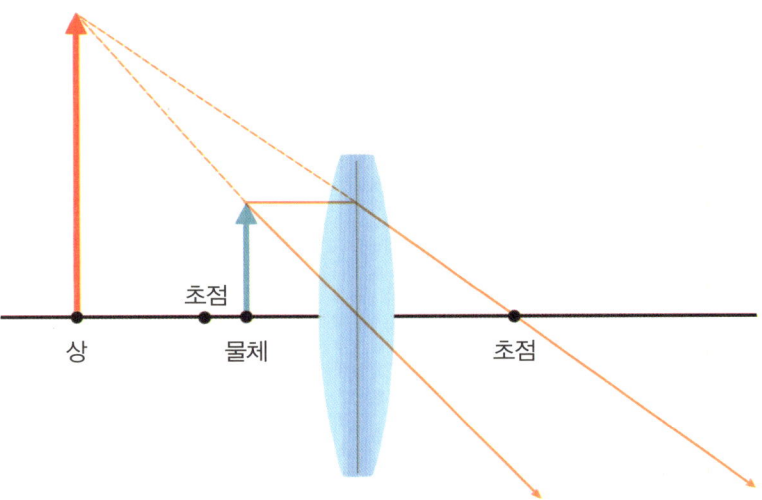

그렇다면 전문적으로 작은 물체를 보는 도구인 현미경은 얼마나 크게 확대해 볼 수 있을까요? 현미경 같은 도구를 통해 보이는 물체의 크기와 실제 물체의 크기 비율을 배율이라고 해요. 배율이 2배라고 하면, 실제 크기의 2배로 보인다는 뜻이지요.

현미경의 배율은 대물렌즈의 배율과 접안렌즈의 배율을 곱해서 구해요. 예를 들어 배율이 40배인 대물렌즈와 배율이 10배인 접안렌즈를 조합해서 볼 때는 배율이 400배예요.

아주 멀리 있는 천체를 보는 망원경은 초점 거리를 이용해 배율을 구해요. 대물렌즈나 주 반사경의 초점 거리를 접안렌즈의 초점 거리로 나누면 배율이 나오지요. 예를 들어 대물렌즈의 초점 거리가 1,000mm이고 접안렌즈의 초점 거리가 20mm인 망원경을 생각해 봐요. 1,000을 20으로 나누면 50이에요. 그렇기 때문에 이 망원경의 배율은 50배랍니다. 초점 거리가 큰 대물렌즈와 초점 거리가 작은 접안렌즈를 쓴다면 망원경도 현미경처럼 배율을 많이 높일 수 있을 거예요.

그런데 망원경은 무작정 배율이 높다고 좋은 게 아니에요. 너무 배율이 높으면 시야가 좁아지고 상이 또렷하지 않기 때문이에요. 달 표면이나 행성처럼 가까운 천체를 관측할 때는 높은 배율이 더 좋지만, 먼 은하처럼 아주 먼 곳에 있는 천체를 관측할 때는 너무 높지 않은 배율로 관측해요.

사실 천체를 관측할 때는 배율이 큰 망원경보다는 아주 흐릿한 천체를 밝고 선명하게 볼 수 있는 망원경이 훨씬 나아요. 그래서 집광력과 분해능 같은 성능을 중요하게 생각한답니다.

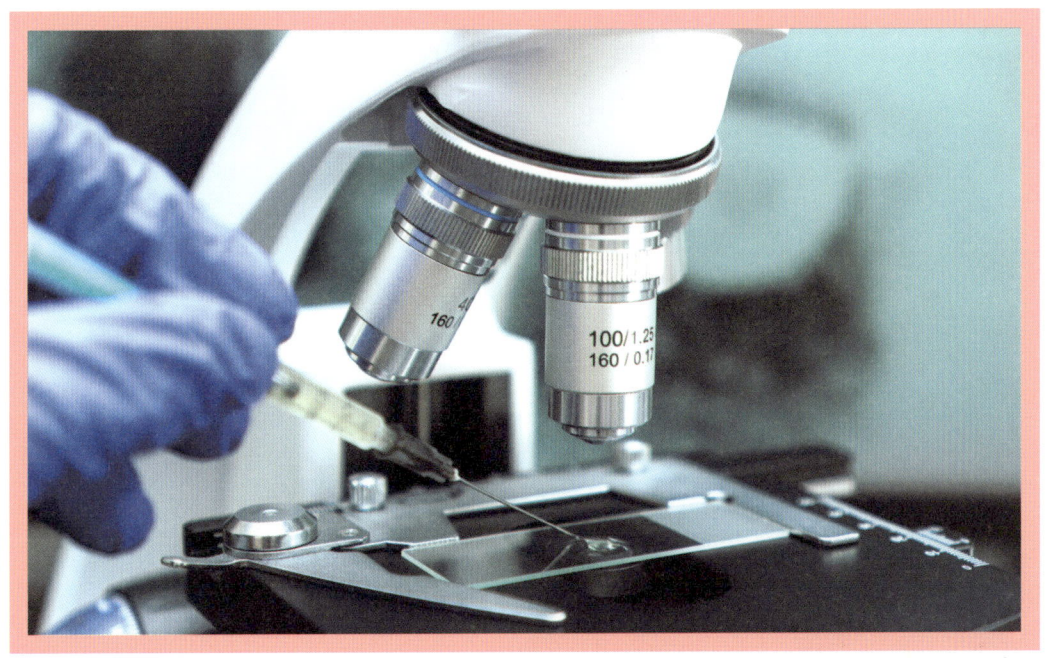

현미경의 대물렌즈에 있는 숫자는 배율과 초점 거리다.

망원경으로는 대체 어디까지 볼 수 있을까? 114쪽으로 GO!

9 전파망원경은 어떻게 별을 볼까?

접시 모양의 집만 한 안테나가 서 있는 모습을 본 적이 있나요? 이 안테나는 우주선과 통신을 하거나 라디오, 텔레비전 방송을 하기 위해 전파를 보내는 장치가 아니에요. 전파망원경이지요.

1나노미터는 10억 분의 1미터예요. 사람 머리카락의 굵기보다 가늘지요.

전파망원경은 말 그대로 전파를 관측하는 망원경이에요. 전파는 우리 눈에 보이지 않지만 많은 정보를 전달하는 빛의 한 종류지요. 반대로 우리가 흔히 볼 수 있는, 눈으로 들여다보는 망원경을 광학망원경이라고 한답니다.

전파망원경의 원리를 이해하기 위해서는 우선 빛의 종류를 알아야 해요. 대부분 우리 눈에 보이는 가시광선만 빛이라고 생각할 거예요. 하지만 가시광선은 빛의 일부에 불과해요. 적외선, 자외선, 엑스선, 전파 등도 우리 눈에는 보이지 않지만 모두 빛에 속한답니다.

빛은 일정하게 진동하면서 움

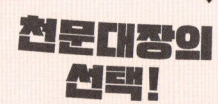

직여요. 이때 한 번 진동하는 길이를 파장이라고 해요. 그리고 파장의 길이에 따라 빛의 종류가 나뉘지요.

사실 요즘에는 천문학자가 망원경에 직접 눈을 대고 천체를 관측하는 일이 거의 없어요. 망원경을 통해 들어온 빛을 전자 신호로 바꾸어서 컴퓨터를 이용해 분석하지요. 따라서 보통은 망원경이 아니라 컴퓨터 화면을 보면서 관측해요.

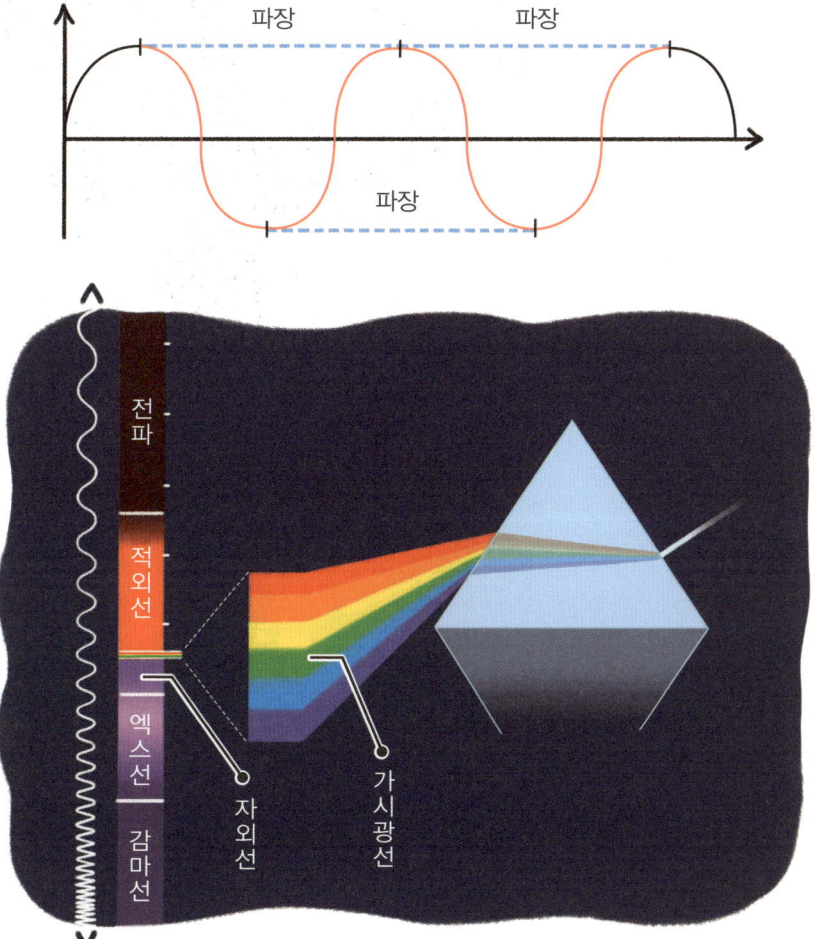

예를 들어 병원에서 몸속을 보기 위해 사용하는 엑스선은 파장이 10~0.01나노미터예요. 이처럼 파장이 짧으면 에너지가 강해서 물질을 뚫고 지나갈 수 있어요. 가시광선은 파장이 400에

중국 베이징에 있는 전파망원경. 반사면이 그물 모양으로 생겼다.

서 700나노미터예요. 그보다 조금 짧으면 자외선, 조금 길면 적외선이고요. 전파는 빛 중에서 파장이 가장 길어요. 1밀리미터에서 100킬로미터에 이르지요.

우주의 천체는 가시광선뿐 아니라 다양한 빛을 내기 때문에 망원경도 그에 맞게 만들어야 해요. 광학망원경은 천체에서 나오는 가시광선, 전파망원경은 천체에서 나오는 전파를 관측하기에 알맞아요.

전파망원경은 보통 접시 안테나와 비슷하게 생겼어요. 파장이 긴 전파는 가시광선과 달리 표면이 매끌매끌한 곳이 아니더라도 잘 반사돼요. 그래서 전파망원경의 오목한 반사면이 굳이 거울일 필요가 없어요. 금속으로 만들지만 그 표면을 아주 반질반질하게 다듬지도 않는답니다.

전파망원경은 얼마나 커질 수 있을까? **78**쪽으로 **GO!**

사방이 완전히 막힌 접시 모양이 아니라 구멍이 숭숭 뚫린 그물망처럼 생긴 전파망원경도 있어요. 가시광선처럼 파장이 짧은 빛은 구멍으로 통과해 버리지만, 파장이 긴 전파는 그물망에서도 잘 반사되기 때문이지요.

전파는 눈에 보이지 않으니 사람이 직접 눈으로 관측할 수 없어요. 광학망원경에 있는 접안렌즈 같은 부분도 당연히 없답니다. 그래서 전파망원경을 들여다보는 '눈' 역할은 기계가 맡아요. 반사면에서 반사된 전파는 접시 앞쪽에 있는 수신기에서 모이고, 이 신호를 컴퓨터로 처리해서 분석하거나 우리가 볼 수 있는 그림으로 만들어요.

우주에서 오는 전파 신호는 광학망원경이 관측하는 가시광선보다 많이 약하기 때문에 전파망원경은 보통 광학망원경보다 훨씬 더 커요. 그래야만 더 많은 전파를 한꺼번에 받을 수 있으니까요. 그러고도 모자라 들어온 전파 신호를 크게 키워 컴퓨터로 보내 주는 특수한 기기도 필요해요. 이 기기를 '증폭기'라고 하지요.

전파망원경은 날씨의 영향을 잘 받지 않아서 흐린 날에도 관측할 수 있어요. 하지만 보통 도시에서 멀리 떨어진 산 위나 숲, 사막에 있지요. 그건 도시의 빛을 피하기 위해서가 아니에요. 텔레비전이나 라디오 같은 전자기기에서 나오는 전자기파, 다시 말해 다른 전파를 피하기 위해서랍니다.

칠레의 아타카마 사막에 있는 전파망원경 무리

감마선이나 엑스선으로도 천체를 볼 수 있을까? **94쪽으로 GO!**

10 왜 망원경을 크게 만들려는 걸까?

집이나 학교에서 쓰는 망원경은 아무리 커도 사람 키만 한 정도예요. 하지만 천문학자들이 연구에 사용하는 천체망원경은 그보다 훨씬 커서 작은 건물만 하지요. 왜 이렇게 거대하게 만들까요?

천문학자들이 연구하는 대상은 상상하기 어려울 정도로 멀리 떨어져 있는 희미한 천체예요. 맨눈으로는 당연히 안 보이고, 천체망원경으로도 몇 시간에서 며칠씩 빛을 받아들여야 간신히 볼 수 있어요. 그렇기 때문에 천체망원경은 빛을 한번에 많이 받아들일수록 좋아요.

망원경이 빛을 모을 수 있는 능력을 집광력이라고 해요. 대물렌즈나 주 반사경의 지름을 '구경'이라고 하는데, 망원경의 구경이 클수록 집광력도 커요. 대물렌즈나 주 반사경의 면적(넓이)이 클수록 더 많은 빛을 모을 수 있거든요.

집광력은 면적에 따른 능력이기 때문에 구경의 제곱에 비례해요. 예를 들어 구경이 10센티미터인 망원경이 빛을 받아들이는 면적은 $\pi \times 5^2 = 25\pi$예요. 구경이 20센티미터면 면적은 100π로

제임스웹 우주망원경에 들어갈 큰 반사경을 검사하고 있는 장면

확 늘어나요. 빛을 받아들이는 면적이 4배이므로 집광력도 4배가 된답니다.

망원경의 렌즈를 검은색 종이로 가리면 어떻게 될까요? 예를 들어 달을 관측하고 있을 때 검은 종이로 렌즈의 절반을 가리면 달이 어떻게 보일까요? 달의 절반이 가려서 보일 것 같지만 사실 달의 모습은 변화가 없어요. 단지 들어오는 빛의 양이 절반으로 줄기 때문에 렌즈를 통해 보이는 달의 모습이 그만큼 어두워질 뿐이랍니다.

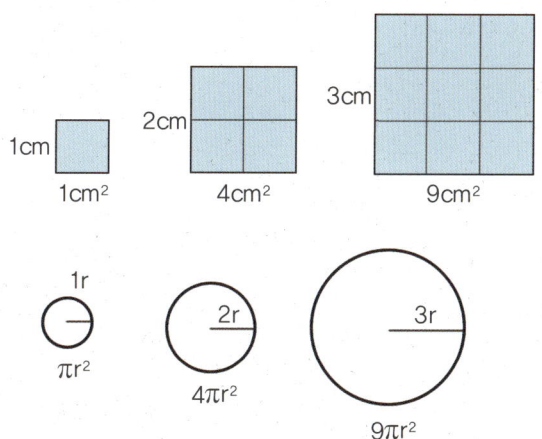

면적은 길이의 제곱에 비례해 커진다. 원의 경우, 반지름의 제곱과 원주율(π)의 곱이 면적을 나타낸다.

망원경이 커야 하는 두 번째 이유는 분해능이에요. '분해'라는 말 그대로, 두 가지 물체를 분해해서 볼 수 있는 능력이에요. 아주 가까이 붙어 있는 두 점을 멀리서 보면 어떨까요? 두 점이 하나로 보이겠지요? 분해능은 이 두 점을 분리해서 볼 수 있는 망원경의 능력이에요. 다시 말해, 더 가까이 붙어 있는 천체를 구분해서 볼 수 있다는 뜻이지요.

북두칠성에 있는 별인 알코르와 미자르(노란색 원)는 서로 가까이 붙어 있다. 시력이 나쁜 사람은 이 두 별을 구분해 볼 수 없기 때문에 고대에서는 병사들의 시력을 검사하기 위해 이 별을 이용했다고 한다. 지금은 분해능이 좋은 망원경으로 구분해 볼 수 있다.

망원경의 크기를 어느 만큼 키울 수 있을까? **74**쪽으로 **GO!**

분해능 역시 망원경의 구경이 클수록 뛰어나요. 집광력과는 조금 다르게 구경에 비례하지요. 구경이 2배가 되면 분해능도 2배로 좋아져요. 망원경의 구경을 2배 늘리면 집광력은 4배, 분해능은 2배 좋은 망원경이 만들어지는 거예요.

집광력과 분해능은 망원경의 성능을 나타내는 중요한 기준이에요. 얼마나 어두운 천체를 얼마나 자세하게 볼 수 있느냐를 결정하기 때문이지요. 분해능이 나쁜 망원경을 이용하면 가까운 두 별을 구분하지 못할 테니 정확한 연구를 할 수 없어요.

그래서 천문학자들은 망원경을 크게 만들기 위해서 계속해서 노력해 왔어요. 갈릴레이가 처음 만든 망원경은 구경이 몇 센티미터에 불과했지만, 지금은 구경이 10미터에 이르는 집채만 한 망원경이 우주를 바라보고 있답니다.

잠깐~ 퀴즈 타임

Q. 망원경은 사람의 눈보다 얼마나 많은 빛을 받아들일까요?

어둠 속에서 최대한 커진 사람 동공의 지름을 8밀리미터라고 할게요. 그 옆에는 구경이 20센티미터인 망원경이 있어요. 이 망원경은 사람의 눈보다 얼마나 많은 빛을 모을 수 있을까요?

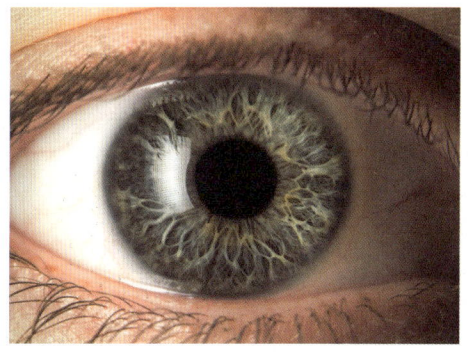

사람 눈은 동공이 클수록 더 많은 빛을 받아들일 수 있다.

* 정답은 141쪽에서 확인하세요.

우주의 가장 어두운 부분에는 무엇이 있을까? **126쪽으로 GO!**

11 세상에서 가장 큰 망원경은?

오늘날 세계적으로 이름이 알려진 대형 광학망원경은 대부분 구경이 8미터 이상이에요. 전파망원경은 이보다 훨씬 크고요. 성능 좋기로 유명한 대형 망원경들을 소개할게요.

세계에서 가장 큰 광학망원경

! 카나리아 대형망원경

스페인령 카나리아제도의 로케데로스무차초스 천문대에 있는 카나리아 대형망원경은 거울의 지름이 10.4미터예요. 반사경이나 대물렌즈를 하나만 쓰는 '단일 구경' 망원경으로는 세계에서 가장 커요.

! 호비에벌리 망원경

미국 맥도널드 천문대에 있는 망원경으로, 거울의 지름이 10미터예요. 육각형 모양의 거울 91개를 이어붙여서 만들었지요.

천문대장의 선택!

켁 망원경1, 2

켁 망원경1과 켁 망원경2는 각각 지름이 10미터인 거울로 만든 망원경이에요. 두 망원경은 하와이의 마우나케아산 위에 나란히 놓여 있어요.

남아프리카공화국 대형망원경

거울의 지름이 10미터로 켁 망원경과 같아요. 남반구에서는 가장 큰 광학망원경이에요.

거대 쌍안 망원경

미국에 있으며, 구경이 8.4미터인 망원경 두 개로 이루어져 있어요. 육각형 거울을 이어붙인 게 아니라 둥근 거울 하나로 되어 있어요. 이 두 망원경으로 동시에 관측하면 구경이 11.8미터인 하나의 망원경으로 관측하는 것과 같아요.

스바루 망원경

하와이의 마우나케아산에 있는 일본의 망원경이에요. 지름 8.2미터인 둥근 거울 하나로 이루어져 있어요.

❗ VLT

칠레에 있는 망원경으로, 구경 8.2미터짜리 망원경 네 대로 이루어져 있어요. 각 망원경은 따로 관측할 수도 있고, 공동으로 관측할 수도 있어요.

❗ 제미니 망원경

구경 8.1미터짜리 망원경 두 대로 이루어져 있는 쌍둥이 망원경이에요. 특이하게도 하나는 북반구에 속하는 미국 하와이에, 다른 하나는 남반구인 칠레에 있지요.

입이 떡 벌어지는 전파망원경

❗ 아레시보 망원경

미국에 있는 전파망원경으로 지름이 무려 305미터예요. 1960년대에 완성된 이후 50여 년 동안 세계 최대의 망원경이었지요. 안타깝게도 지난 2020년 말 무너져 버렸어요.

❗ 500미터 전파망원경

중국이 만든 전파망원경으로 구경이 500미터예요. 넓이가 축구장 300개를 합한 것과 같아요. 현재 세계에서 가장 큰 망원경이랍니다.

곧 활약할 거대 망원경

! 거대 마젤란 망원경

구경이 8.4미터인 거울 일곱 개를 모아서 만드는 구경 25미터짜리 망원경이에요. 우리나라도 이 망원경 제작에 참여해서 1년에 한 달 정도를 사용할 수 있어요.

! 30미터 망원경

하와이에 만들고 있는 구경 30미터짜리 거대 망원경이에요. 수백 개의 작은 거울을 이어붙여서 만들어요.

! 유럽 초대형 망원경

완성된다면 세계 최대의 광학망원경이 될 거예요. 작은 거울 수백 개를 이어붙여서 만들며, 구경이 39미터나 된답니다.

한눈에 보는 망원경 크기 비교

거대 망원경의 반사경은 대체 얼마나 큰 걸까요?
각 망원경의 반사경 크기를 한눈에 살펴보세요.

예르케스 천문대
(미국 위스콘신, 1893)

파리 대박람회 망원경
(프랑스 파리, 1900)

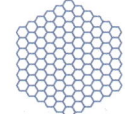
LAMOST
(중국 허베이, 2009)

후커
(미국 캘리포니아, 1917)

헤일
(미국 캘리포니아, 1948)

BTA-6
(러시아 젤렌츠스키, 1975)

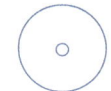
호비에벌리 망원경
(미국 텍사스, 1996)

다중 반사경 망원경
(미국 아리조나,
1979~1999)

다중 반사경 망원경
(미국 아리조나, 1999)

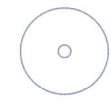
제미니 망원경 – 북반구
(미국 하와이, 1999)

스바루 망원경
(미국 하와이, 1999)

대형 제니스 망원경
(캐나다 브리티시컬럼비아, 2003)

제미니 망원경 – 남반구
(칠레 세로 파촌, 2000)

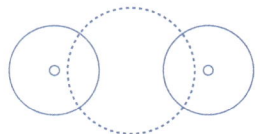
거대 쌍안 망원경
(미국 아리조나, 2005)

가이아 우주망원경
(태양–지구 라그랑주 점
L2, 2014)

케플러 우주망원경
(지구 공전 궤도, 2009)

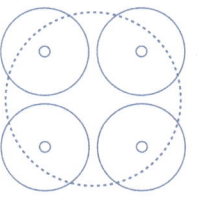
VLT
(칠레 세로 파라날,
1998, 1999, 2000, 2001)

마젤란 망원경
(칠레 라스 캄파나스 천문대,
2000, 2002)

허블 우주망원경
(지구 저궤도, 1990)

제임스웹 우주망원경
(태양–지구 라그랑주 점 L2,
2021년 12월 발사)

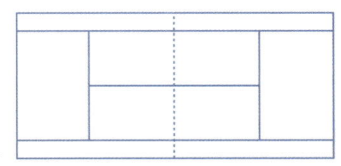
테니스 코트

왜 도시 주변에는 큰 천문대가 없을까? **70쪽으로 GO!**

카나리아 대형망원경
(스페인령 카나리아제도, 2007)

켁 망원경
(미국 하와이, 1993, 1996)

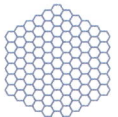
남아프리카공화국 대형망원경
(남아프리카공화국 서더랜드, 2005)

LSST
(칠레 엘 페논, 2022년경 첫 관측 예정)

30미터 망원경
(미국 하와이, 2027년경 첫 관측 예정)

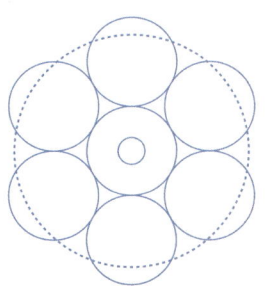
거대 마젤란 망원경
(칠레 라스 캄파나스 천문대, 2029년경 첫 관측 예정)

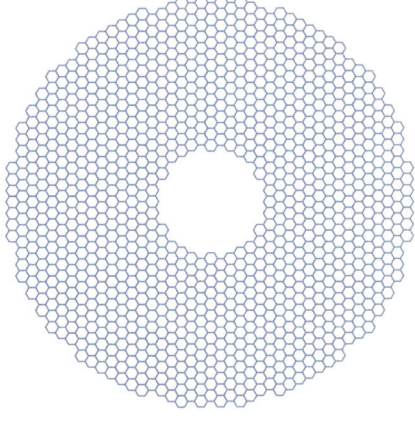
유럽 초대형 망원경
(칠레 세로 아마조네스, 2027년경 첫 관측 예정)

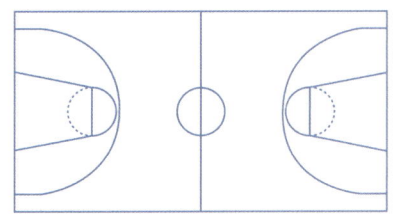
농구 코트

0   5m   10m

대형 망원경으로도 볼 수 없는 암흑물질은 무엇일까? **126**쪽으로 **GO!**

12. 대형 망원경은 왜 다 거울을 쓸까?

세계에서 손꼽힐 만한 대형 광학망원경은 모두 반사망원경이에요. 대물렌즈 대신 거울을 쓰는 망원경이지요. 굴절망원경도 있는데 왜 반사망원경만 대형 망원경으로 활약하고 있는 걸까요?

첫 번째 이유는 렌즈가 갖고 있는 문제예요. 프리즘을 통과한 태양 빛은 빨주노초파남보의 무지개 빛으로 나누어져요. 빛이 프리즘을 통과할 때 파장에 따라 굴절되는 정도가 다르기 때문이에요. 비 온 뒤에 무지개가 생기는 원리도 이와 같지요.

그런데 빛이 렌즈를 통과할 때도 마찬가지 현상이 생겨요. 빛의 파장이 짧을수록 굴절이 더 많이 되는 거지요. 그러면 빛이 파장에 따라서 상에 맺히는 위치가 조금씩 달라지고, 색이 번져 보이게 돼요. 이 현상을 '색수차'라고 불러요.

렌즈만 쓰는 굴절망원경에서는 색수차가 일어나기 마련이에요. 천문학에 필요한 정밀한 관측을 하는 데는 방해가 되지요. 색수차 현상은 망원경으로 천체를 관측할 때뿐만 아니라 사진을 찍을 때도 볼 수 있어요.

색수차가 일어난 달 사진. 색이 분리돼 번져 보인다.

상식 쌓기

천체망원경에 쓰는 거울과 우리가 일상생활에서 쓰는 거울은 조금 달라요. 평범한 거울은 반사면 앞에 유리를 붙여서 만들어요. 그래서 화장실 거울 같은 경우 가까이서 자세히 보면 바깥쪽 유리에 반사된 상과 안쪽 반사면에 반사된 상 두 개가 보여요. 하지만 천체망원경에 쓰는 거울은 거울 앞쪽에 코팅을 해서 반사면을 만들기 때문에 빛이 곧바로 반사된답니다.

반면 반사망원경은 거울을 쓰기 때문에 색수차가 거의 일어나지 않아요. 굴절망원경도 굴절률이 서로 다른 렌즈 여러 개를 조합해서 만들면 색수차를 해결할 수 있지만, 아무래도 만들기 어렵고 비싸지겠지요. 렌즈의 무게 때문에 망원경도 어마어마하게 무거워질 테고요.

또 다른 이유는 무게예요. 희미한 천체를 관측하기 위해서는 빛을 모으는 집광력이 좋아야 해요. 집광력이 좋으려면 망원경이 아주 커야 하지요. 이때 렌즈를 쓰면 망원경이 무거워질 수밖에 없어요. 망원경을 설치하고 원하는 천체를 보기 위해서 이리저리 움직여야 하는데, 무겁다는 건 굉장한 단점이에요. 반면 거울은 같은 면적의 렌즈보다 얇고 가벼워서 망원경의 무게를 줄이는 데 도움이 된답니다.

유럽남부천문대에 설치된 망원경의 반사경을 만드는 모습. 거울은 넓고 얇게 만들 수 있어 그만큼 무게가 줄어든다.

렌즈가 크고 두꺼워지면 그만큼 통과하는 빛이 줄어들어요. 조금의 빛도 아까운 천문학자에게는 이 역시 좋은 일이 아니에요. 하지만 거울은 들어오는 빛을 모두 반사할 수 있어서 빛을 더 잘 모으지요. 또 렌즈가 크고 두꺼우면 각 부분마다 온도가 조금씩 달라져 렌즈가 비틀리는 현상도 생겨요. 반면 거울은 전체의 두께가 고르기 때문에 온도 차이에 큰 영향을 받지 않아요.

빛을 한 점에 모으려면 렌즈든 거울이든 아주 고르고 정확한 모양을 갖춰야 해요. 이처럼 완벽한 모양으로 만드는 데도 거울 쪽이 좀 더 쉽답니다. 빛이 통과할 필요가 없으므로 빛이 반사되는 한 면의 모양만 정확하면 되거든요.

또 렌즈보다는 거울이 표면을 매끄럽게 만들기 좋아요. 표면에 흠집이나 얼룩이 있다면, 관측에 방해가 되니 표면은 반드시 매끄러워야 하거든요. 렌즈보다 거울이 청소하고 광을 내기 쉽지요.

하지만 거울이라고 해도 원하는 만큼 무작정 크게 만들 수 있는 건 아니에요. 커

거울 표면은 렌즈보다 매끈하게 다듬기 쉽다. 허블 우주망원경의 반사경을 매끈하게 다듬는 모습.

다란 거울을 관리하는 건 쉽지 않은 일이기 때문에 아주 큰 망원경은 대부분 거울 여러 장을 조합해서 만들지요. 또는 쌍둥이 망원경을 만들어서 마치 하나인 것처럼 사용하기도 해요.

특이하게 액체 거울을 이용해 반사망원경을 만들려는 사람들도 있어요. 수은같이 상온에서 액체 상태인 금속을 둥근 용기에 담고 빙글빙글 돌리면 가운데가 움푹 파이면서 반사경과 같은 모양이 돼요. 표면도 거울처럼 매끄럽고요. 이 '금속 웅덩이'를 반사경으로 이용해 천체를 관측하는 거예요. 아주 고르고 매끄럽게 만든 뒤에 또다시 광을 내야 하는 고체 반사경보다 만들기 쉬워서 관심을 받고 있답니다.

액체 거울을 이용해 만든 망원경

13 천문대가 빙글빙글 도는 이유는?

천문대라고 하면 먼저 돔 모양의 천장이 떠올라요. 돔이 양옆으로 갈라지면서 그 사이로 망원경이 짜잔 하고 나와 천체를 관측하지요. 돔과 망원경은 원하는 방향으로 회전할 수 있답니다.

천문대가 빙글빙글 도는 가장 큰 이유는 한 천체를 오랫동안 관측하기 위해서예요. 먼 우주에 있는 천체는 아주 희미하기 때문에 가능한 한 오랫동안 빛을 받아야 더 잘 볼 수 있어요. 그래서 천체망원경을 한 천체에 오랫동안 고정해 놓고 빛을 모아요. 몇 분에서 몇 시간, 때로는 며칠씩 한 곳에서 오는 빛만 받아서 모으는 거예요. 그러면 잠깐만 봐서는 보이지 않던 부분도 보이거든요.

문제는 천체가 하늘의 한 곳에 머물러 있지 않다는 거예

허블 우주망원경으로 하늘의 일정한 구역을 아주 오랫동안 관측해서 찍은 사진. 사진 속의 빛나는 점은 하나하나가 모두 은하다. 오랫동안 빛을 모으지 않고서는 볼 수 없는 모습이다.

북극성은 지구의 자전축이 향하는 방향에 있어서 하늘에 고정되어 있는 것처럼 보여요. 그런데 지구의 자전축도 움직이기 때문에 북극성은 서서히 하늘의 북극에서 멀어지고 있어요. 앞으로 1,000년 뒤에는 다른 별이 북극성으로 불리고 있을 거예요. 남반구에는 자전축 방향에 별이 없어서 북극성에 해당하는 남극성은 없어요.

요. 바로 지구가 회전하기 때문이에요. 지구는 하루에 한 바퀴씩 자전해요. 24시간 동안 360도, 한 시간에 15도씩 계속 움직이고 있지요. 카메라를 삼각대에 고정한 뒤에 밤하늘을 찍어 보세요. 위의 사진처럼 카메라 렌즈를 단 몇 분만 열어 두어도 별이 점이 아니라 선으로 흐르듯이 찍힐 거예요.

밤새 밤하늘을 관찰해 보면 별이 어떻게 움직이는지 알 수 있어요. 지구의 회전축은 북극성을 향하고 있기 때문에 우리 눈에 보이는 북극성은 항상 같은 자리에 있어요. 북극성 근처에 있는 별은 원을 그리며 북극성을 도는 것처럼 보이고요. 북극성에서 멀리 떨어진 별은 더 큰 원을 그리기 때문에 우리 눈에는 동쪽에서 떠서 서쪽으로 지는 것처럼 보인답니다.

지구의 어디에 있느냐에 따라서 별의 움직임이 다르게 보일 수 있어요. 만약 북극에서 지평선 근처의 별을 본다면, 그 별은 지평선 아래로 가라앉지 않고 계속 옆으로 빙글빙글 도는 것처럼 보일 거예요. 반면 적도에서 북쪽을 보면 거의 모든 별이 지

아마추어가 사용하는 망원경에도 자동으로 회전하며 천체를 따라가는 장치가 달려 있어요. 달이나 행성 같은 천체를 눈으로만 관측한다면, 이런 장치가 없는 저렴한 망원경으로 사도 괜찮아요. 그러나 멋진 천체 사진을 찍고 싶다면, 반드시 이런 장치가 달린 망원경을 사야 한답니다.

위도에 따라 별이 다르게 움직인다?!

극지방

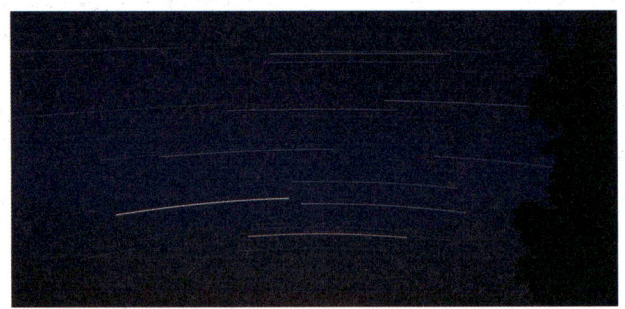

위도에 따라 북극성의 위치와 별의 이동 형태가 달라져요. 북극에서는 머리 꼭대기의 북극성 주변으로 별이 원을 그리며 뜨거나 지지 않아요.

적도에서는 지평선의 북극성을 중심으로 별이 머리 위를 지나가요.

적도

중위도

우리나라 같은 북반구 중위도에서는 둥글게 도는 별들과 뜨거나 지는 별들을 모두 볼 수 있어요.

우주에 있는 망원경이 궁금하다면? **98쪽으로 GO!**

평선 부근의 한점을 중심으로 반원을 그리면서 동쪽에서 떴다가 서쪽으로 질 거예요.

이처럼 밤하늘의 천체, 정확히는 지구가 움직이고 있기 때문에 한 천체를 오랫동안 관측하려면 망원경이 천체를 따라서 움직여야 해요. 북반구에서라면 북극성을 기준으로 지구의 회전 속도와 똑같이 회전하면 되겠지요. 책이나 인터넷에서 보는 멋진 성운이나 은하 사진은 전부 이렇게 오랫동안

안드로메다 은하와 달의 실제 크기를 비교한 사진. 만약 안드로메다 은하가 밝았다면 밤하늘에 달과 은하가 함께 떠 있는 모습을 볼 수 있을 것이다.

빛을 모아서 찍은 결과물이에요. 아무리 망원경을 이용한다고 해도 그냥 들여다봐서는 희끄무레한 얼룩 정도로밖에 보이지 않아요. 그래서 망원경으로 천체를 관측하고 실망하는 사람도 많아요.

예를 들어 안드로메다 은하는 밤하늘에서 보름달의 6배 정도로 크게 보여요. 그러나 우리 눈에는 아주 밝은 중심 부분만 겨우 보이기 때문에 웬만한 사람은 찾지도 못해요. 오랫동안 노출해서 찍어야 눈에 보이지 않는 화려한 모습이 나타난답니다.

우주에서 별 보기 좋은 곳은 어디일까? **102**쪽으로 **GO!**

14 천문대는 왜 높은 산에 있을까?

아무리 크고 성능이 뛰어난 망원경을 만들었다고 해도 끝이 아니에요. 망원경을 어디에 놓느냐가 굉장히 중요하지요. 그래서 천문학자들은 산으로 가기 시작했어요.

　수백 년 전의 천문학자들은 자기 집에 망원경을 설치하고 천체를 관측할 수 있었어요. 하지만 이제는 아무리 날씨가 좋아도 도시의 자기 집에서 별을 보기 어려워요. 공기 오염이 심하고, 인공 조명이 너무 많기 때문이에요. 밤을 환하게 밝히는 전등과 가로등, 간판 같은 인공 조명은 망원경에 흘러들어와 별빛을 가리고 하늘의 구름에 반사되어 하늘까지 밝게 만들어요. 이런 현상을 '광공해'라고 해요.

　인공 조명이 적은 시골로 가면 도시보다는 더 많은 천체를 볼 수 있어요. 공기도 더 깨끗할 테고요. 하지만 아무리 공기가 깨끗해도 공기가 있다는 사실 자체가 천체 관측에는 방해가 된답니다. 공기는 빛을 가로막기 때문이에요. 공기의 움직임 때문에 빛이 흔들리기도 해요. 그래서 밤하늘의 별이 반짝이는 것처럼

천문대장의 선택!

도시 근처에서는 뿌연 밤하늘 때문에 천체 관측이 어렵다.

보인답니다. 별은 항상 일정하게 빛나고 있는데도요.

공기를 피하려면 어떻게 해야 할까요? 공기가 옅은 곳으로 가야 해요. 높은 산으로 올라갈수록 천체에서 나오는 빛과 망원경

망원경이 구름 위에 있다면 구름이 끼어도 관측이 가능하다.

사이를 가로막는 공기가 없어서 관측에 유리하지요. 먼지나 수증기도 더 적고요.

게다가 높은 산꼭대기에서는 구름도 피할 수 있어요. 지상에서는 아무리 공기가 깨끗해도 구름이 끼면 관측이 불가능하지만, 구름보다 높은 산꼭대기에서는 상관없이 관측할 수 있답니다.

그러면 천문대를 설치하기 위한 조건을 정리해 볼까요?

1. 인공 조명이 없을 것. 지나가는 자동차 불빛도 관측에 큰 방해가 된다. ✓
2. 날씨가 좋을 것. 맑은 날이 많을수록 더 많이 관측할 수 있다. ✓
3. 건조하고 대기의 흔들림이 적을 것. 더 깨끗한 별빛을 볼 수 있다. ✓
4. 높은 곳에 있을 것. 공기가 희박해서 빛이 방해를 덜 받는다. ✓

전 세계에서도 이런 장소는 흔하지 않아요. 하지만 다행히 천문대가 들어서기 가장 좋은 환경을 자랑하는 곳이 있답니다. 하와이의 마우나케아산, 칠레의 안데스산맥 지역, 아프리카 인근의 스페인령 카나리아제도 등이지요. 모두 1년에 맑은 날이 11달이 넘을 정도로 날씨가 좋아요. 그래서 대부분의 대형 망원경은 이곳들에 몰려 있답니다.

하와이의 마우나케아산에 몰려 있는 대형 망원경들

아예 공기가 없는 곳에 천문대를 지을 수는 없을까? **98쪽으로 GO!**

VLT가 있는 칠레 안데스산맥에서 밤하늘을 360도 파노라마로 찍은 사진. 은하수가 반원 모양으로 밝게 보인다.

단, 전파망원경은 굳이 산꼭대기에 올라가지 않아도 괜찮아요. 전파는 대기의 영향을 잘 받지 않거든요. 그래서 지상에서 관측해도 상관없어요. 대신 다른 전자기기의 영향을 받지 않는 곳이어야 한답니다.

상식 쌓기

우리나라의 대표적인 천문대는 소백산천문대(해발 1,300미터)와 보현산천문대(해발 1,120미터)예요. 연구용 천문대이므로 일반인은 연구 시설에 함부로 들어갈 수 없어요. 사실 우리나라는 맑은 날이 많지 않아서 천체 관측에 아주 좋은 곳은 아니에요.

우리나라의 소백산천문대

15 지구보다 큰 망원경을 만들 수 있을까?

세상에서 가장 큰 망원경은 구경이 수백 미터에 달하는 전파망원경이에요. 하지만 천문학자들은 더 큰 망원경을 갖고 싶어 했지요. 망원경이 크면 클수록 더 멀고 어두운 천체까지 볼 수 있을 테니까요.

상식 쌓기

간섭계로 만들어 운영하는 망원경은 대부분 전파망원경이에요. 광학망원경으로도 간섭계를 만들 수는 있지만, 가시광선은 전파보다 파장이 훨씬 짧아서 관측한 결과를 합치기 어렵답니다.

특히 전파를 관측하는 천문학자들은 더 큰 전파망원경이 필요했어요. 전파의 특징 때문에 전파망원경은 광학망원경보다 분해능이 떨어지거든요. 분해능을 키우기 위해서는 구경을 크게 만들어야 하지만, 그렇다고 지름이 몇 킬로미터가 넘는 망원경을 만들 수는 없어요. 기술이 아직 부족하고, 그만큼 큰 망원경을 둘 만한 곳도 찾기 어렵거든요. 그래서 천문학자들은 새로운 방법을 연구하기 시작했어요.

그 결과가 바로 간섭계예요. 간섭계는 서로 멀리 떨어져 있는 전파망원경을 연결해 구경이 큰 망원경과 같은 효과를 내는 기술이에요. 천체

천문대장의 선택!

에서 나온 전파가 각각의 전파망원경에 도착한 시각과 전파망원경 사이의 거리를 정확히 알면 두 신호를 합쳐 선명한 영상을 볼 수 있어요.

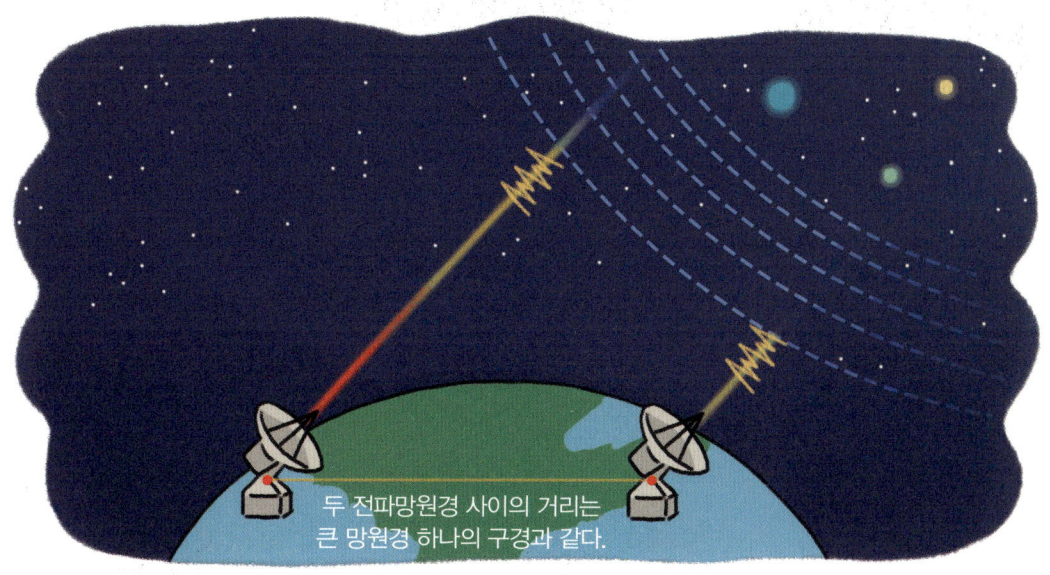

두 전파망원경 사이의 거리는 큰 망원경 하나의 구경과 같다.

예를 들어 서로 320킬로미터 떨어진 서울의 전파망원경과 부산의 전파망원경을 연결한다고 해 봐요. 이 전파망원경은 구경 320킬로미터짜리 전파망원경 하나와 성능이 거의 같아요. 각각 지구 정 반대편에 있는 전파망원경끼리 연결하면 지구 크기만 한 망원경도 만들 수 있는 셈이에요.

칠레 안데스산맥 아타카마 사막에 있는 집단 전파망원경 ALMA. 전파망원경은 이렇게 한 대를 크게 만들기보다는 여러 대를 연결해서 큰 망원경으로 보는 효과를 내는 경우가 많다.

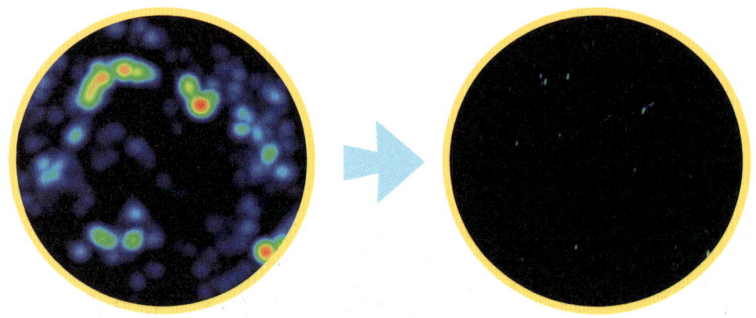

간섭계 기술을 이용해 왼쪽처럼 선명하지 않던 천체 이미지를 오른쪽처럼 선명하게 만들 수 있다.

전파망원경 여러 대를 연결해서 간섭계를 이루기도 해요. 이때는 전파망원경의 수가 많을수록 약한 신호도 잘 잡을 수 있어요. 또 전파망원경 사이의 거리가 멀수록 분해능이 좋아져 선명하게 볼 수 있지요.

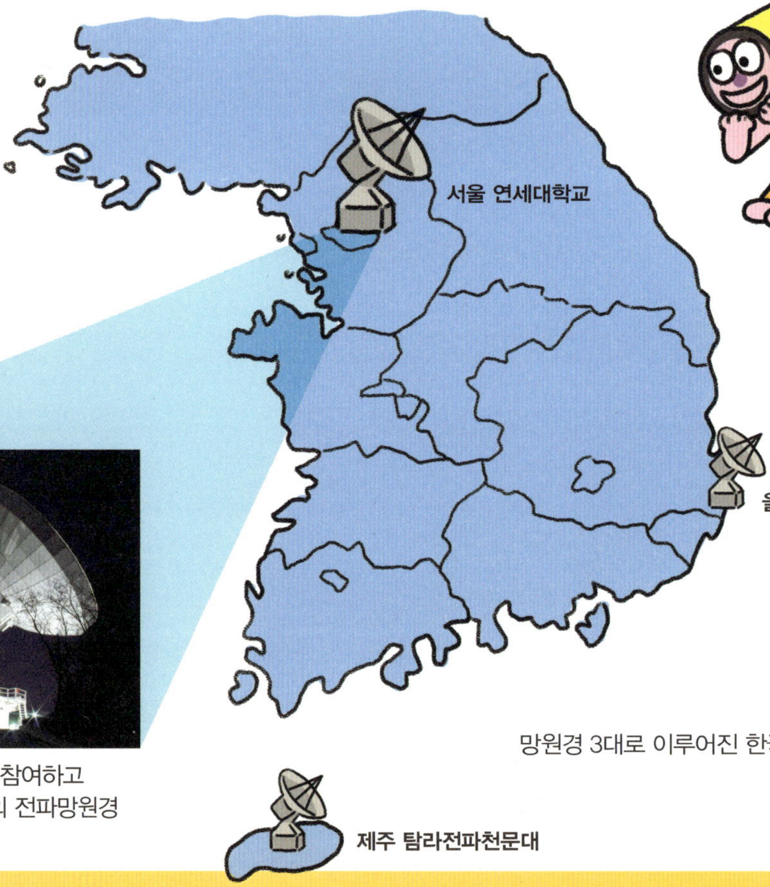

서울 연세대학교

울산 울산대학교

한국우주전파관측망에 참여하고 있는 서울 연세대학교의 전파망원경

망원경 3대로 이루어진 한국우주전파관측망

제주 탐라전파천문대

지름이 수백 미터인 망원경은 어디 있을까? **56쪽으로 GO!**

우리나라에는 전파망원경 3대로 이루어진 한국우주전파관측망(KVN)이 있어요. 서울 연세대학교와 울산 울산대학교, 제주 탐라전파천문대에 있는 전파망원경 3대를 통합해 구경 500킬로미터짜리 전파망원경과 같은 효과를 내요.

미국에는 하와이와 북아메리카에 망원경 10대를 배치해 만든 VLBA가 있어요. 가장 멀리 떨어진 전파망원경 사이의 거리는 8,000킬로미터나 되지요. 유럽에도 유럽VLBI네트워크가 있고요. 그 외에도 세계 각지에서 간섭계를 운영하고 있어요. 이들은 따로 관측하기도 하지만 다른 지역의 간섭계와 연결해 훨씬 더 큰 효과를 내기도 해요. 2019년 초에 세계를 떠들썩하게 했던 블랙홀 관측에 사용한 이벤트호라이즌 망원경도 미국과 유럽, 칠레, 남극 등 전 세계에 퍼져 있는 전파망원경 9대를 연결해 만든 네트워크예요.

여기서 더 나아가 천문학자들은 지구보다 훨씬 더 큰 망원경을 만들고자 했어요. 우주 공간에 전파망원경을 띄워서 지구의 전파망원경과 연결하면 지구보다 구경이 큰 망원경과 비슷한 효과를 낼 수 있을 테니까요. 실제로 과거 일본과 러시아에서 우주 전파망원경으로 간섭계를 만들었답니다.

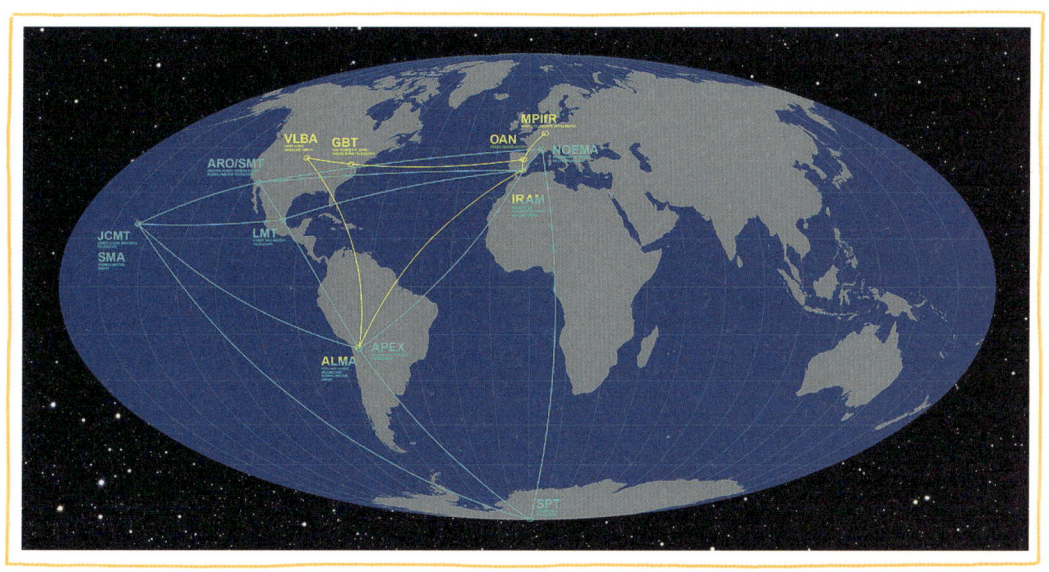

블랙홀 관측에 성공한 이벤트호라이즌 망원경

16 캄캄한 블랙홀을 어떻게 볼까?

2019년 4월, 인류 최초로 블랙홀의 모습을 찍은 사진이 발표되었어요. 지구 곳곳에 흩어져 있는 전파망원경을 연결해 관측한 결과지요. 그런데 이름처럼 '검은 구멍'인 블랙홀을 어떻게 본 걸까요?

밀도는 어느 공간에 있는 물질의 양을 말해. 부피가 작고 무게가 무거울수록 밀도가 높단다.

묵직-

블랙홀이란 아무것도 빠져나올 수 없는 천체예요. 빛조차도 빠져나올 수 없으니 눈으로 볼 수 없어서 영어로 '검다'는 말인 '블랙'이라는 이름이 붙었어요. 블랙홀은 무거운 물질이 아주 작게 줄어들어 뭉치면서 밀도가 높아지면 생길 수 있어요.

보통 별은 최후를 맞이할 때 별을 이루는 물질이 중심을 향해 쪼그라들어요. 태양과 비슷한 크기의 별일 때는 창백한 흰색으로 빛나는 백색왜성이 되고, 그보다 좀 더 큰 별은 에너지가 큰 중성자별이 되지요. 백색왜성이나 중성자별은 크기가 작지만 아주 무거워요. 백색왜성은 보통 지구와 비슷한 크기에 질량은 태양의 절반 정도고, 중성자별은 지름이 20에서 30킬로미터에 불과하지만 질량은 태양보다 커요. 그래서 물체를 끌어당기는 중력이 매우 크지요. 중성자별 표면의 질량은 지구의 약 수백억 배 이상이랍니다.

천문대장의 선택!

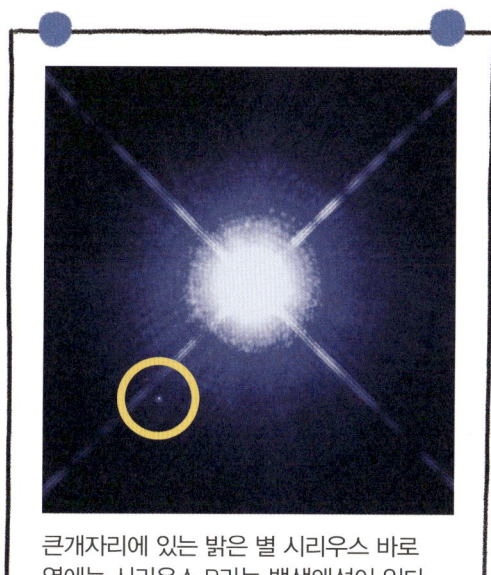

큰개자리에 있는 밝은 별 시리우스 바로 옆에는 시리우스 B라는 백색왜성이 있다. 노란색 원 안의 조그만 점이 시리우스 B다.

태양보다 훨씬 더 큰 별은 최후를 맞으면서 블랙홀이 돼요. 블랙홀은 중성자별보다 중력이 더 강해서 어느 정도 가까이 가면 빛을 비롯한 어떤 물체도 빠져나올 수 없어요. 이렇게 그 무엇도 빠져나올 수 없는 경계를 '이벤트호라이즌(사건의 지평선)'이라고 불러요.

블랙홀을 눈으로 볼 수는 없지만, 찾을 수 있는 방법이 없는 건 아니에요. 예를 들어 블랙홀 뒤쪽에 밝은 천체가 있다고 해 봐요. 이 천체에서 나

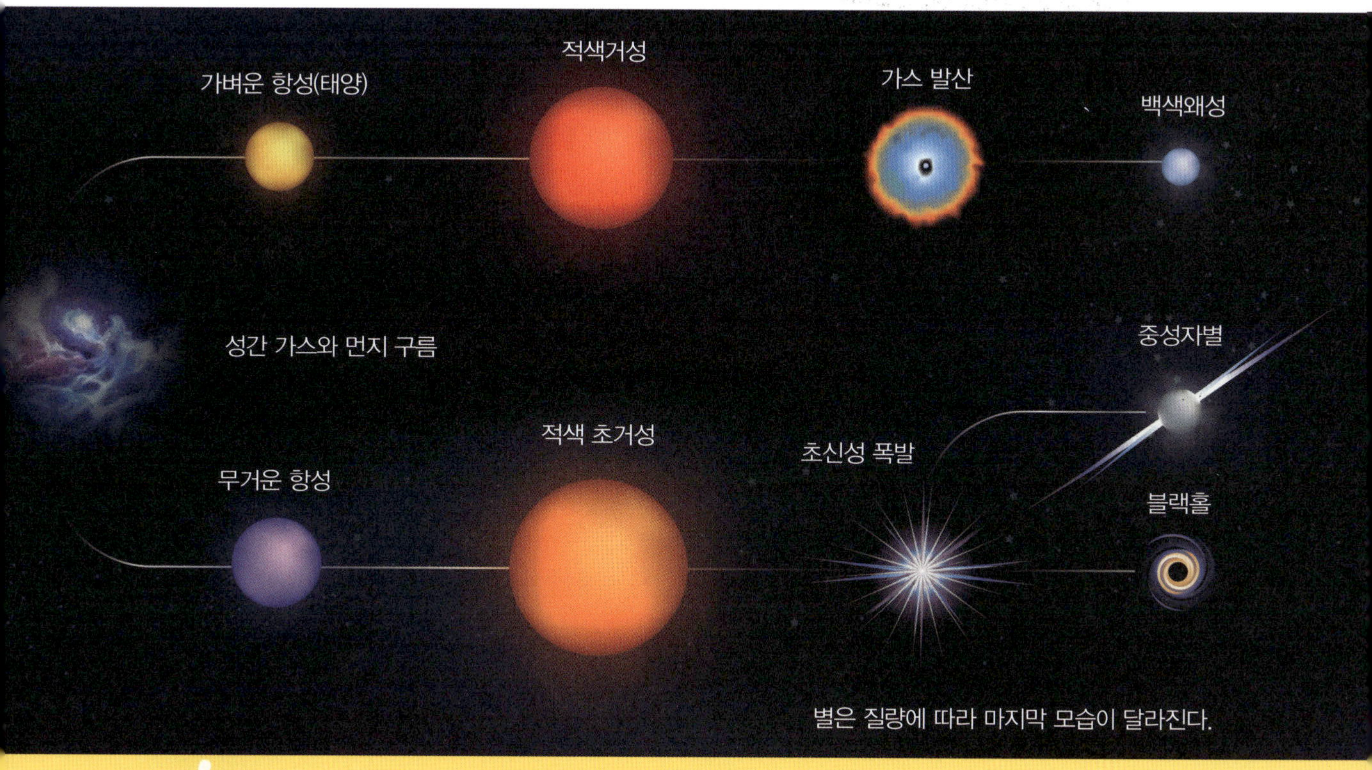

별은 질량에 따라 마지막 모습이 달라진다.

초거대질량 블랙홀과 그 주변의 강착원반을 그린 상상도

블랙홀 시뮬레이션. 주변의 둥근 빛이 중력렌즈 효과로 생긴 것이다.

블랙홀이 다른 천체의 가스를 빨아들이며 빛을 뿜는 모습을 그린 상상도. 이런 빛을 발견하면 그곳에 블랙홀이 있다고 생각할 수 있다.

오는 빛은 블랙홀 주변을 지나다가 강한 중력에 끌려서 휘어져요. 중력이 마치 렌즈처럼 빛을 휜다고 해서 '중력렌즈 효과'라고 부르지요. 이런 현상을 관찰하면 블랙홀이 있다고 생각할 수 있어요.

그리고 블랙홀 자체는 보이지 않지만, 그 주변의 천체나 물질에서 나오는 빛이 블랙홀 주위를 휘감아요. 그러면 보이지 않는 블랙홀의 가장자리가 어슴프레하게나마 드러나게 되지요. 이를 '블랙홀의 그림자'라고 해요. 어떤 블랙홀에는 물질이 모여 빙글빙글 돌면서 생긴 고리가 있는데, 여기서 빛이 나오기도 해요. 결국 블랙홀을 관측한다는 것은 중력렌즈나 블랙홀의 그림자 같은 주변의 흔적을 보는 거랍니다.

이벤트호라이즌 망원경이 우리에게 보여 준 블랙홀은 처녀자리 A 은하 중심에 있는 초대형 블랙홀 M87*이에요. 이 블랙홀의 질량은 무려 태양의 약 70억 배나 되지요. 광학망원경이 아니라 전파망원경으로 관측한 건 망원경끼리 연결해 하나의 큰 망원경처럼 쓰는 간섭계 기술을 이용하기 위해서예요. 파장이 짧은 가시광선을 이용하는 광학망원경으로는 간섭계를 만들기 어렵거든요.

그리고 초대형 블랙홀 주변에서는 전파가 많이 나와요. 그래서 전파망원경으로 관측하기 좋지요. 물론 전파는 우리 눈에 보이지 않으므로 관측한 결과를 모아 영상으로 바꾸는 과정을 거쳐야 해요. 이번 관측 덕분에 M87*의 이벤트호라이즌은 크기가 약 400억 킬로미터고, 주변의 가스는 10억 도가 넘는다는 사실을 알아냈어요. 아직 영화 〈인터스텔라〉에 나온 것과 같은 블랙홀의 모습은 볼 수 없어요. 하지만 기술이 발전한다면 지금보다 더 생생한 블랙홀의 사진을 볼 수 있겠지요?

이벤트호라이즌 망원경으로 촬영한 블랙홀 M87*

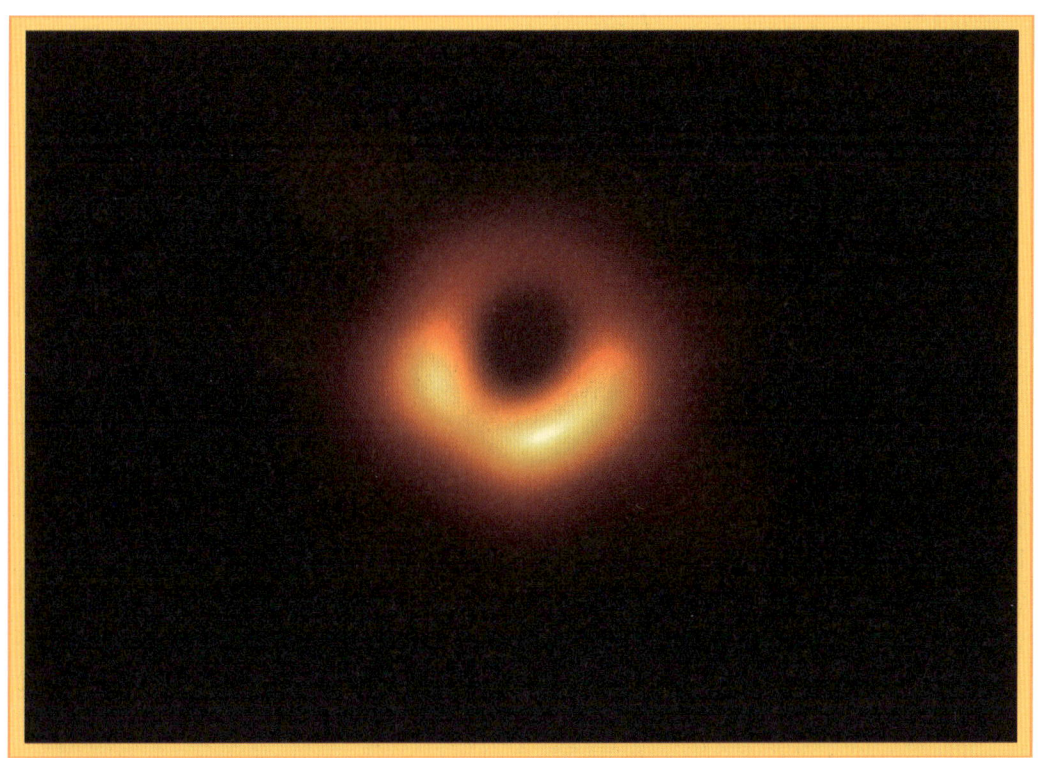

궁금해!
블랙홀에 빨려 들어가면 어떻게 될까?

블랙홀은 대단히 중력이 강해서 섣불리 가까이 갔다가는 중력에 완전히 붙잡혀 빠져나올 수 없어요. 만약 우리가 우주선을 타고 블랙홀에 가까이 간 다음 블랙홀을 향해 뛰어든다면 어떻게 될까요?

블랙홀에 가까워질수록 우리 몸에는 재미있는 현상이 일어나요. 예를 들어 발부터 블랙홀을 향해 뛰어들었다고 해 봐요. 블랙홀에 가까운 발은 더 강한 중력을 받고, 먼 머리는 약한 중력을 받아요. 원래는 지구에서도 마찬가지지만, 지구에서는 발과 머리에 작용하는 중력의 차이가 작아서 느끼지 못하는 것뿐이에요.

그 결과 우리 몸은 거인이 발과 머리를 양손으로 붙잡아 죽 늘이는 것처럼 늘어나요. 그렇게 잡아 늘이는 힘이 커지면 우리는 반으로 잘리겠지요. 이 힘은 블랙홀에

가까이 갈수록 커져서 우리 몸은 계속해서 잘게 쪼개져서 원자 단위로 분해돼요. 죽기에는 참 끔찍한 방식이지요?

만약 멀리 떨어진 곳에서 누군가가 블랙홀에 뛰어든 사람을 볼 수 있다면, 어떨까요? 그 사람의 눈에는 블랙홀에 뛰어든 사람이 굉장히 천천히 움직이는 것으로 보일 거예요. 상대성이론에 따라 블랙홀의 강한 중력장 안에서는 시간이 느리게 흐르기 때문이에요. 블랙홀에 빨려 들어가 죽는 모습을 보려면 수억 년이 걸릴 거예요.

반대로 블랙홀에 빨려 들어가는 사람 입장에서는 바깥의 시간이 굉장히 빠르게 흐르는 것으로 보여요. 자신이 휙 하고 순식간에 빨려 들어가는 동안 바깥에서는 수억 년이 흐르지요. 문명이 탄생했다 멸망하고 별이 종말을 맞이하는 과정이 눈 깜짝할 사이에 지나가는 거예요.

블랙홀은 굉장히 특이한 천체라 우리가 상식적으로 이해하기 어려운 일이 벌어져요. 영화 〈인터스텔라〉처럼 죽지 않고 블랙홀 안으로 들어갈 수 있다면 과연 어떤 모습을 볼 수 있을지 궁금하네요.

17 지하에도 망원경이 있다?

지금까지 이야기한 망원경은 모두 천체가 직접 내거나 천체에 반사된 빛을 관측하는 망원경이에요. 그런데 천문학 연구에서는 빛만 쓰지 않아요. 빛을 포함해 우주에서 날아오는 모든 것을 이용하지요.

우주의 물질을 관측하는 장비도 일종의 망원경이라고 할 수 있어요. 그중 하나가 우주선 망원경이에요. 여기서 말하는 우주선은 우주를 날아다니는 로켓이나 우주왕복선이 아니라 우주에서 날아오는 높은 에너지 입자를 말해요. 보통 아주 큰 에너지를 가지는 양성자, 전자, 또는 좀 더 무거운 원자의 핵 등이지요.

천문대장의 선택!

우주선이 지구 대기로 들어오면 속도가 줄어들면서 희미하게 빛을 내요. 이 빛을 통해서 우주선을 관측하는 거지요. 스페인령 카나리아제도에 있는 매직 망원경이 바로 그런 역할을 한답니다. 우주선은 태양의 활동이 활발하거나 천체가 초신성 폭발을 일으킬 때처럼 큰 변화가 있을 때 많이 나오기 때문에 우주선 관측으로 우주의 비밀을 찾을 수 있어요.

카나리아제도에 있는 매직 망원경

미국 지하에 짓고 있는 중성미자 검출 시설 '듄'. 세계 30개국 과학자가 참여한 계획으로, 2027년 완공 예정이다.

천체나 우주를 아예 볼 수 없는 지하에도 망원경이 있어요. 중성미자를 관측하는 장비지요. 중성미자는 물질을 이루는 기본 입자 중 하나로, 우주선이 원자와 충돌할 때나 별 내부에서 주로 나와요. 별빛을 관측하면 별의 표면에 관한 정보만 알 수 있지만 중성미자를 이용하면 별의 내부에 대해서도 알 수 있어요.

그런데 중성미자는 질량이 아주 작고 다른 물질과 아무런 반응을 하지 않아서 광학망원경으로는 볼 수 없어요. 지구도 뚫고 지나가 버릴 정도지요. 그래서 중성미자를 찾는 망원경은 보통 지하에 만들어요. 그러면 지하까지 뚫고 들어오지 못하는 다른 우주선과 구분할 수 있답니다.

 지하 망원경은 보통 지하 깊은 곳에 있어요.

중성미자와 물이 만나면 아주 가끔 반응이 일어날 수 있어. 그래서 센서를 물속에 넣지.

오른쪽은 중성미자를 찾아내는 센서다. 이런 센서 수천 개를 위의 그림처럼 지하 또는 얼음이나 물속에 넣어서 관측한다.

암흑물질과 암흑에너지는 어떻게 볼 수 있을까? **126**쪽으로 **GO!**

18 중력파를 찾은 방법은?

2017년 노벨 물리학상은 중력파가 정말 존재한다는 사실을 밝히는 데 큰 역할을 한 과학자 세 명이 받았어요. 이런 업적을 이루기 위해서는 아주 특별한 망원경이 필요했답니다.

먼저 중력파가 무엇인지 알아볼게요. 이름 그대로 중력 때문에 생기는 파동이에요. 질량이 있는 물체는 주변의 공간을 휘게 만들어요. 그런데 이 물체가 만약 움직인다면 공간도 그에 맞게 모양이 바뀌어야 해요. 이 과정에서 공간이 일렁이면서 파동이 되어 사방으로 퍼져나가지요. 이것이 바로 중력파예요. 물 위에 떠 있는 물체를 건드려 움직이면 물결이 이는 것과 비슷해요.

중력파는 매우 찾기 어려워요. 일단 중력파는 다른 물질과 어떤 작용도 하지 않아요. 예를 들어 빛은 렌즈에 굴절되거나 거울에 반

중력파가 있다는 사실을 이론적으로 밝혀낸 알베르트 아인슈타인

사되면서 우리 눈에 들어와 상을 만들기 때문에 우리가 관찰할 수 있지요. 하지만 중력파는 어딘가에 반사되거나 굴절되지 않고 상으로 맺히지도 않으며 반응하는 물질도 없기 때문에 눈으로 보거나 센서로 찾아낼 수 없답니다.

그래서 공간의 변화로 중력파를 찾아요. 공간이 일렁이면 거리에 변화가 생기거든요. 그런데 문제는 변하는 크기가 너무 작다는 거예요. 태양의 지름이 수소 원자 하나 크기만큼 변한다고 생각해 보세요. 중력파가 일으킨 공간 크기 변화는 그 정도로 작아요. 아주 예민한 장치를 가지고도, 거대 블랙홀처럼 질량이 엄청나게 큰 물체가 움직여야 겨우 알아낼 수 있을 정도예요.

노벨상을 받은 과학자들은 직각으로 붙어 있는 두 개의 기다란 터널로 이루어진 검출기를 이용했어요. 검출기는 중력파가 일으킨 공간의 움직임을 찾는 장치지요.

각 터널의 길이는 4킬로미터 정도예요. 레이저를 이용해 이 두 터널의 길이를 재었을 때 두 길이가 서로 다르다면 한쪽에 중력파가 날아왔다는 뜻이에요.

중력파 검출기는 굉장히 예민해요. 자동차가 지나갈 때 생기는 진동은 물론 짙은 구름이 지나가는 것에도 영향을 받을 정도예요. 그래서 진동이 없는 아주 조용하고 한적한 곳에 설치해야 하지요.

중력파 검출기는 여러 대가 있는 게 좋아요. 서로 멀리 떨어진 곳에 있는 검출기의 결과를 비교하면 그게 우주에서 날아온 중력파인지 주변의 진동인지 알 수 있으니까요. 게다가 검출기가 여러 대 있으면 중력파가 도착한 시각을 통해 중력파가 어디서 왔는지 알 수 있어요.

이렇게 준비를 해 두어도 바로 중력파를 찾을 수는 없어요. 관측

이탈리아에 있는 중력파 검출기 버고의 모습

중력파를 찾아낸 중력파 검출기 어드밴스드 라이고

할 수 있는 만큼의 중력파를 일으킬 만한 아주 큰 사건이 벌어져야 하거든요. 미국의 중력파 검출기 '어드밴스드 라이고'는 마침내 블랙홀 두 개가 충돌하면서 생긴 중력파를 찾아냈어요. 그리고 몇 달 뒤에 또다시 다른 블랙홀 두 개가 충돌해서 나온 중력파를 찾아냈지요. 이후로도 몇 번 더 중력파를 확인했고, 마침내 이 발견이 공식적으로 인정받아 노벨상까지 수상하게 됐답니다.

　이걸로 끝은 아니에요. 중력파를 이용해 우주의 비밀을 밝히기 위해서는 더 성능이 좋은 검출기가 필요해요. 과학자들은 '아인슈타인 망원경'이라는 새로운 검출기를 만들려고 하고 있어요. 지하 100미터에 길이가 10킬로미터인 터널 세 개를 삼각형 모양으로 놓은 검출기랍니다.

　중력파 검출기를 우주에 올리려는 계획도 있어요. 레이저로 인공위성 사이의 거리를 측정해서 중력파를 찾아내는 거지요. 그러면 터널이 필요 없고 검출기 사이의 거리를 수백만 킬로미터까지 늘릴 수 있어서 중력파를 더 쉽게 찾을 수 있어요. 땅에 비해 진동도 적고요. 과연 중력파를 이용한 천문학이 우주의 어떤 새로운 비밀을 밝혀낼지 궁금하네요.

아인슈타인 망원경의 상상도. 삼각형 모양의 지하 터널이 중력파를 검출한다.

우주를 바라보는 천문대

19 망원경이 보는 빛이 서로 다른 이유는?

우리 눈에 보이는 빛은 사실은 여러 파장의 빛으로 이루어져 있어요. 마찬가지로 우리 눈에 보이지 않는 빛도 종류가 다양하답니다. 전파망원경으로 관측하는 전파도 그중 하나고요.

아래 사진을 보세요. 게성운이라는 천체를 찍은 여러 장의 사진이에요. 그런데 생김새가 다 다르지요. 각각 다른 종류의 빛으로 사진을 찍었기 때문이랍니다.

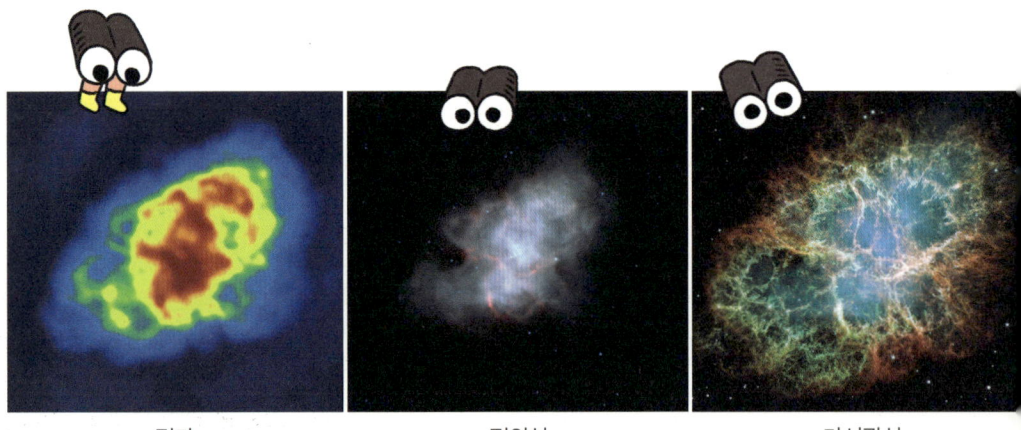

전파　　　　　　　적외선　　　　　　　가시광선

빛은 파장에 따라서 크게 감마선, 엑스선, 자외선, 가시광선, 적외선, 전파로 나눌 수 있어요. 감마선이 파장이 가장 짧고 전파가 가장 길어요. 그 사이 빛은 전파에 가까울수록 파장이 길어지지요. 천체에서는 다양한 빛이 나오는데, 위치에 따라서 많이 나오는 빛의 종류가 달라요. 그래서 빛의 파장별로 관측을 하면 서로 모양이 다르게 보인답니다.

아래 사진은 왼쪽부터 차례로 전파, 적외선, 가시광선, 자외선, 엑스선, 감마선으로 관측한 결과예요. 파장이 긴 전파나 적외선으로 관측한 게성운은 가시광선으로 촬영한 결과, 즉 우리 눈에 보이는 게성운과 비슷해요. 반면 파장이 짧은 빛일수록 중심에 가까운 곳에서만 주로 나오고 있다는 사실을 알 수 있지요.

이처럼 어느 부분에서 어떤 빛이 나오는지를 알면 그곳에서 무슨 일이 벌어지고 있는지 짐작할 수 있기 때문에 다양한 파장으로 천체를 관측하는 건 아주 중요해요. 그래서 천문학자들은 파장에 맞게 망원경도 여러 종류를 만들어서 쓴답니다.

상식 쌓기

태양은 지구에서 가장 가까운 별이에요. 그래서 다른 별과 비교해 연구하기가 쉽지요. 태양을 연구하면 멀리 떨어져서 보기 힘든 다른 별에 관해 추측할 수 있어요. 하지만 태양은 너무 밝기 때문에 태양 빛을 줄이는 필터를 갖춘 특수 망원경을 써서 관측해요.

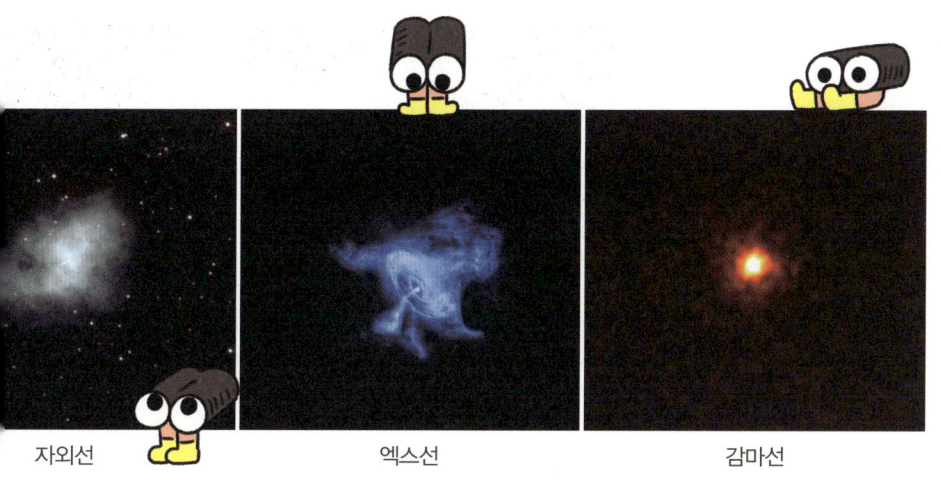

| 자외선 | 엑스선 | 감마선 |

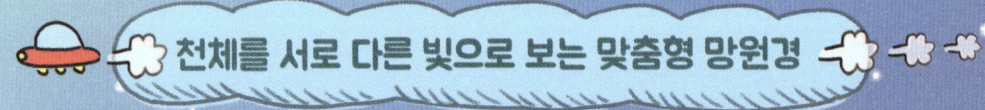
천체를 서로 다른 빛으로 보는 맞춤형 망원경

가시광선으로 촬영한 안드로메다 은하

🟠 감마선 망원경

감마선은 에너지가 가장 강한 빛으로 물체를 잘 통과해요. 사람이 감마선을 쪼이면 유전자 변형이 일어나거나 암에 걸릴 수도 있어서 위험하지요. 감마선은 초신성 폭발처럼 엄청난 에너지를 분출하는 현상에서 많이 나와요. 이런 현상을 연구하려면 감마선 망원경이 필요하지요. 감마선은 거울이나 렌즈를 이용한 망원경으로는 관측할 수 없어서 특수한 방법을 써야 해요.

안드로메다 은하의 중앙에서 일어난 감마선 폭발

가시광선은 어떻게 관측할까? **18쪽으로 GO!**

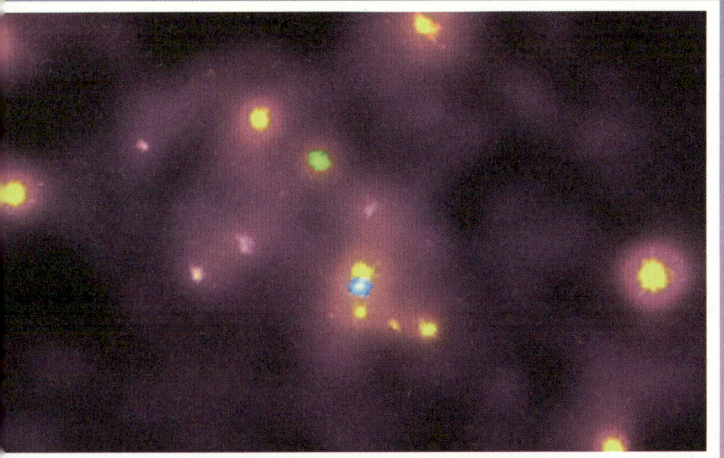

❗ 엑스선 망원경

엑스선은 감마선보다 에너지가 약하지만, 우리 몸을 통과할 정도로 강해요. 거울도 그대로 통과하거나 흡수되기 때문에 평범한 광학망원경으로는 볼 수 없어요. 엑스선을 아주 살짝 튕겨 나가게 하는 특수 거울을 이용한 망원경으로 관측할 수 있지요.

안드로메다 은하의 중심부를 엑스선으로 찍은 모습. 밝은 점이 엑스선이 많이 나오는 곳이다.

❗ 자외선 망원경

자외선을 반사하는 물질로 코팅한 거울을 이용하면 천체에서 나오는 자외선을 관측할 수 있어요. 자외선은 아주 젊거나 나이든 뜨거운 별에서 많이 나와요. 자외선으로 은하를 관측했을 때 밝은 부분이 있다면, 그곳에는 젊거나 나이든 별이 많은 거예요.

자외선으로 본 안드로메다 은하

❗ 적외선 망원경

광학망원경에 적외선을 감지할 수 있는 장비를 부착하면 적외선을 관측할 수 있어요. 적외선 망원경은 차갑게 냉각을 해야 해요. 온도가 있는 모든 물체에서는 적외선이 나오기 때문에 망원경 자체에서 나오는 적외선을 줄이기 위해서예요.

적외선으로 본 안드로메다 은하

파장에 따라 관측하기 좋은 장소도 있을까? **102쪽으로 GO!**

20 망원경을 우주로 보내는 이유는?

천문학자는 아주 멀리 떨어져 있는 천체를 관측해요. 천체가 굉장히 밝아도 그 빛은 아주 먼 곳에서 오기 때문에 약할 수밖에 없어요. 그래서 천문학자들은 빛을 가리는 장애물을 없애고 싶어해요.

천문학자들은 천체 관측을 방해하는 도심의 빛이나 대기오염을 피하기 위해 도시를 벗어나 높은 산 위로 올라갔어요. 그래도 공기라는 장애물은 여전히 남아 있었어요. 산꼭대기가 아무리 높다고 해도 머리 위로 수백 킬로미터나 되는 공기층이 있으니까요.

지구의 대기는 우주에서 날아오는 빛을 꽤 많이 가로막아요. 가시광선은 그나마 많이 통과하는 편이지만 감마선과 엑스선은 대기 윗부분에서 막혀 땅까지 오지도 못해요. 자외선과 적외선은 일부만 통과하고, 파장이 10미터를 넘는 전파도 가로막히지요.

라이만 스피처

엑스선과 자외선, 적외선 등 다양한 파장을 관측하는 망원경은 있어요. 그런데 이런 빛이 지상에 도달하지 못한다면, 망원경이 있어도 제대로 관측할 수 없어요. 이 문제를 어떻게 해결할까요? 방법은 하나, 바로 망원경을 우주로 보내는 거예요. 망원경을 우주에 두면 지구 대기의 방해 없이 모든 파장의 빛을 관측할 수 있어요. 날씨에 상관없이 아무 때나 관측할 수 있다는 것도 장점이지요.

1946년, 미국의 천체물리학자 라이먼 스피처가 처음으로 우주에 망원경을 설치하자고 제안했지요. 이때는 아직 최초의 인공위성이 발사되기도 전이었답니다.

미국항공우주국(NASA)은 '위대한 관측 프로그램'이라는 계획을 세우고 목표를 이루어 냈어요. 서로 다른 파장을 관측하는 우주망원경 4대를 띄우는 계획이었답니다. 이 망원경들을 소개할게요.

❗ 허블 우주망원경

위대한 관측 프로그램의 첫 번째 망원경인 허블 우주망원경은 1990년에 발사되었어요. 가시광선과 자외선을 관측해요. 발사된 지 30년이 넘었지만 아직도 활동하고 있어요.

🟡 콤프턴 감마선 망원경

1991년에 발사된 감마선 망원경으로 2000년에 고장으로 임무를 마칠 때까지 수천 개의 감마선 폭발을 관측했어요.

🟡 찬드라 엑스선 망원경

1999년에 발사된 엑스선 망원경이에요. 엑스선은 중성자별이나 블랙홀에 빨려 들어가는 천체에서 많이 나와서 이들의 성질을 이해하는 데 도움이 돼요.

🔍 스피처 우주망원경
우주망원경을 제안한 라이만 스피처의 이름을 딴 망원경이에요. 2003년에 발사된 적외선 망원경이지요.

많은 우주망원경이 우주에서 활약하고 있어요. 새로 올라갈 준비를 하고 있는 망원경도 있지요. 감마선 망원경으로는 미국의 페르미 감마선 우주망원경과 유럽우주기구의 인테그랄이 있고, 자외선 망원경에는 미국의 스위프트와 일본의 히사키 등이 있어요.

우주에 도착!

제임스웹 우주망원경
허블 우주망원경의 후계자예요. 제임스웹 우주망원경은 최초의 달 착륙 계획이었던 아폴로 프로그램에서 중심적인 역할을 한 인물의 이름을 딴 망원경이지요.
제임스웹 우주망원경은 육각형 모양의 거울 18개를 이어붙여 만든 지름 6.5미터짜리 반사경을 이용해요. 접힌 상태에서 발사된 뒤 우주에서 펴지게 되어 있지요. 허블 우주망원경이 보지 못했던 아주 먼 천체를 관측할 계획이에요.

망원경이 각각 관측하는 빛은 왜 다를까? **94쪽으로 GO!**

21 우주에서 별 보기 좋은 곳은?

우주로 나가면 지상에서보다 훨씬 더 선명하게 천체를 볼 수 있어요. 공기가 없어서 별빛도 항상 일정하게 빛나고요. 그런데 우주에서도 특별히 더 천체를 관측하기 좋은 장소가 있답니다.

태양-목성 라그랑주 점 L4와 L5에는 수많은 소행성이 모여 있어요. 태양과 목성의 중력이 균형을 이루어 소행성들이 한 자리에 있을 수 있지요. 이들을 트로이 소행성군이라고 불러요.

허블 우주망원경을 비롯한 여러 우주망원경은 지구 주위를 돌면서 관측해요. 그렇게 해도 지상보다 훨씬 더 좋은 환경에서 더 오랫동안 관측할 수 있지요. 하지만 망원경에 따라서 다른 궤도에 떠 있는 경우도 있어요.

예를 들어 스피처 우주망원경은 지구가 아니라 태양 주위를 돌아요. 태양 주위를 도는 지구를 뒤에서 졸졸 쫓아가는 궤도에 있답니다. 스피처는 적외선을 관측하는 망원경이라 아주 차가워야 해요. 그래서 영하 100도보다 더 차가운 액체 헬륨을 이용해서 장비를 식히지요. 만약 지구 주위를 돈다면 지구에서 나오는 열 때문에 헬륨이 많이 필요해져요. 헬륨 사용량을 줄이고 망원경을 더 가볍게 만들기 위해서 스피처 우주망원경은 지구에서 멀리 떨어져서 태양 주위를 돌고 있는 거랍니다.

스피처 우주망원경은 지구를 따라다니며 천체를 관측한다.

한편 최근 발사된 제임스웹 우주망원경은 태양과 지구 사이의 라그랑주 점에 자리를 잡을 예정이에요. 라그랑주 점은 우주 공간에서 두 큰 천체가 있을 때 주변의 작은 물체가 어느 한 천체에 끌려가지 않고 한 자리에 있을 수 있는 점이에요. 두 천체의 중력이 서로 부딪혀 사라지는 지점이기 때문에 가만히 있을 수 있지요.

오른쪽 그림처럼 태양과 지구 사이의 라그랑주 점은 다섯 개가 있어요. 각각 L1, L2, L3, L4, L5라고 부르지요. 제임스웹 우주망원경은 태양-지구 라그랑주 점 L2에 있게 돼요. 이곳에서는 태양과 지구가 항상 같은 방향에 있어서 태양과 지구에서 오는 빛과 열을 막기 쉬워

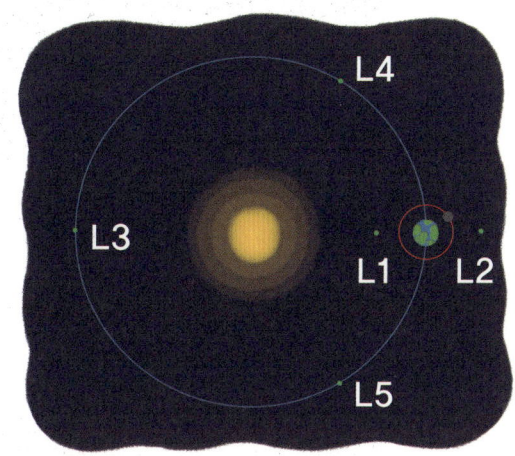

요. 따라서 적외선으로 천체를 관측하기 매우 좋답니다.

우주에서 망원경을 놓을 수 있는 장소로는 달도 꼽혀요. 장차 인류가 달에 진출해 도시를 짓고 산다면 자연스럽게 망원경을 설치해 천체를 관측할 거예요. 지구가 보이지 않는 달의 뒷면에 설치하게 되겠지요.

달에 망원경을 설치하면 여러 가지 장점이 있어요. 일단 우주 공간과 마찬가지로 공기가 없어서 선명하게 관측할 수 있어요. 오랫동안 연이어 관측하는 것도 가능해요. 달의 하루는 거의 지구의 한 달이기 때문이에요. 지구에서는 기껏해야 10시간 정도 밤이 지속되지만, 달에서는 14일 동안 밤하늘을 볼 수 있답니다.

또 달의 극지에 있는 몇몇 지점은 아예 태양 빛을 받지 않아요. 이런 장소는 온도가 항상 영하 250도 정도라서 차가워야 하는 적외선 망원경을 놓기 좋지요.

달 기지를 상상해 그린 그림

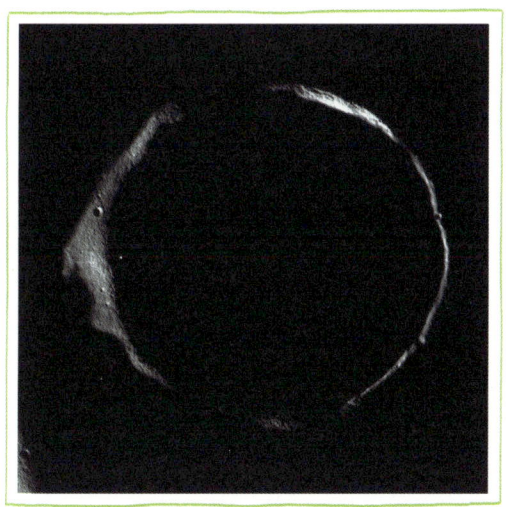 

영원히 태양 빛을 받지 않는 달의 크레이터 중 하나 　　　허블 우주망원경을 수리하는 우주비행사의 모습

달에 망원경이 있으면 망원경이 고장 났을 때 사람이 직접 가서 고칠 수 있어요. 궤도에 떠 있는 우주망원경은 그러기가 매우 어려워요. 허블 우주망원경은 여러 차례 고장 나서 우주인이 찾아가 고친 적이 있지만, 스피처 우주망원경처럼 지구에서 멀리 떨어진 망원경은 고장 나면 그냥 버려야 해요. 2021년 12월에 발사된 제임스 웹 우주망원경도 마찬가지예요. 우주망원경을 만들거나 발사할 때 굉장히 많은 돈이 들기 때문에 고쳐 쓸 수 있다는 건 큰 장점이에요.

그러나 달에 망원경을 놓았을 때 생기는 단점도 있어요. 달 표면의 온도 변화가 매우 크다는 점이에요. 달 표면은 태양 빛을 받았을 때는 100도 이상으로 뜨겁지만, 그늘이 질 때는 영하 100도 아래로 온도가 곤두박질쳐요. 이 급격한 온도 변화 때문에 망원경이 쉽게 고장 날 수 있어요. 또 달 표면의 아주 고운 흙 때문에 망원경에 문제가 생길 수도 있고요.

앞으로 기술이 발전하면 이런 문제를 해결할 수 있겠지요. 설령 단점이 있다고 해도 달에 도시까지 지은 인간이 망원경을 포기할 것 같지는 않네요. 여러분이 어른이 되었을 때 달에서 우주를 직접 관측할 수 있다고 생각하면 설레지 않나요?

지구와 달 사이의 거리보다 큰 망원경도 만들 수 있을까? 74쪽으로 GO!

22 우주는 얼마나 클까?

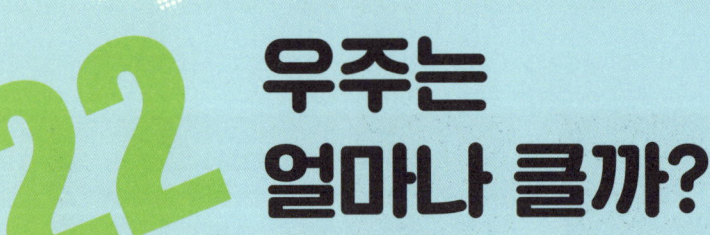

우주는 넓어요. 우리은하에는 태양 같은 별이 1,000억 개가 넘고, 우주에는 우리은하 같은 은하가 1,000억 개가 넘어요. 우주의 크기는 우리가 상상할 수 없을 정도랍니다.

40년 이상 걸려 간신히 태양계 밖으로 나간 보이저호

우리 눈에도 보이는 별들은 비교적 멀지 않은 곳에 있어요. 모두 우리은하 안에 있으니까요. 대부분 망원경으로만 볼 수 있는

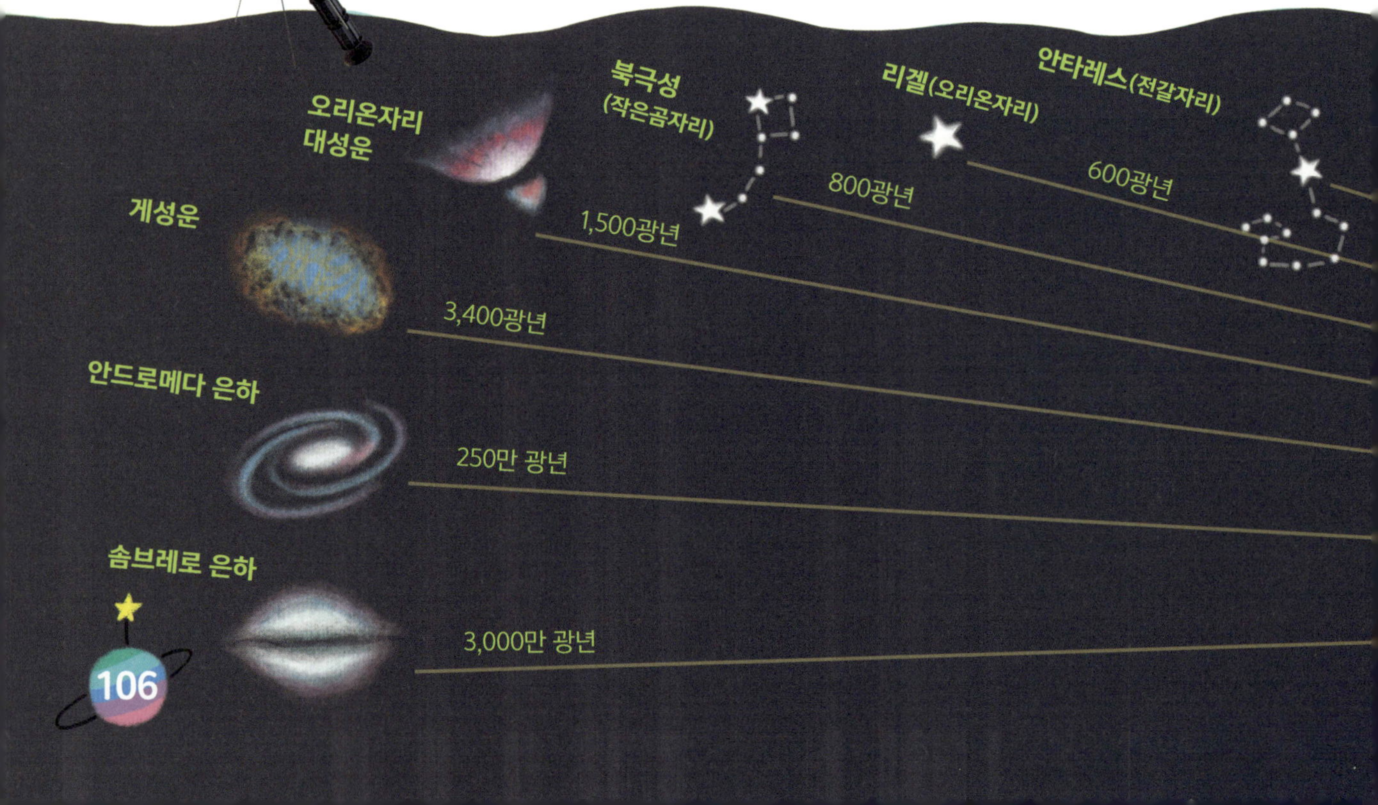

- 오리온자리 대성운
- 게성운 — 3,400광년
- 북극성(작은곰자리) — 1,500광년
- 리겔(오리온자리) — 800광년
- 안타레스(전갈자리) — 600광년
- 안드로메다 은하 — 250만 광년
- 솜브레로 은하 — 3,000만 광년

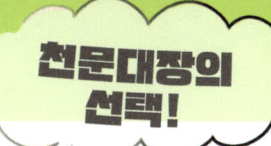
천문대장의 선택!

외부 은하는 그보다 훨씬 더 멀리 떨어져 있어요. 다행히 우리는 망원경을 이용해 아주 멀리 떨어진 우주 공간도 볼 수 있어요. 덕분에 맨눈으로는 보지 못하는 신기한 천체를 많이 발견했지요.

천체의 거리를 나타낼 때는 보통 '광년'이라는 단위를 써요. '년'이라고 해서 시간으로 착각하기 쉽지만, 광년은 거리를 나타내는 단위예요. 빛이 진공에서 1년 동안 움직이는 거리를 1광년이라고 하지요. 빛은 1초에 약 30만 킬로미터를 움직이니 1년 동안 움직이는 거리는 약 9.5조 킬로미터나 돼요.

그렇게나 빠른 빛으로도 지구에서 달까지 가는 데는 약 1.3초가 걸려요. 태양 빛이 지구에 도착하는 데는 8분 20초가 걸리고요. 태양에서 가장 가까운 별인 프록시마 센타우리까지의 거리는 약 4.2광년이에요. 빛의 속도로 4.2년을 날아가야 도달할 수 있다는 뜻이지요.

우리은하의 지름은 약 10만에서 20만 광년이에요. 대마젤란

상식 쌓기

갈릴레오 갈릴레이는 빛의 속도를 측정하려고 했어요. 몇 킬로미터 떨어진 두 장소에 램프를 놓고 서로 신호를 주고받으며 빛 신호가 오가는 데 얼마나 걸리는지 측정했어요. 물론 당시의 기술로는 턱도 없는 일이었기 때문에 실패하고 말았어요.

빛의 빠르기로 본 지구와 천체 사이의 거리

우리가 볼 수 있는 가장 먼 천체는 뭘까? **118쪽으로 GO!**

은하까지의 거리는 약 16만 광년이고, 안드로메다 은하까지의 거리는 약 250만 광년이에요. 까마득한 거리지만, 우주 전체를 놓고 오면 우리 바로 옆에 있는 것과 마찬가지랍니다. 그래서 이웃한 은하로 여기지요.

이렇게 멀리 떨어져 있는 천체에서 나오는 빛을 우리는 망원경으로 모아서 관측해요. 아무리 멀리 떨어져 있어도 지구까지 날아올 수 있을 정도로 밝게 빛난다면 우리가 볼 수 있겠지요.

그러나 현실적으로는 한계가 있어요. 빛의 속도가 무한하지 않기 때문이에요. 우리가 보는 태양 빛은 8분 20초 전에 태양을 떠난 빛이에요. 따라서 우리가 보는 태양의 모습은 8분 20초 전의 모습이지요. 마찬가지로 우리가 보는 안드로메다 은하의 빛은 250만 년 전에 그곳을 떠난 빛이에요.

지구에서 3,000만 광년 떨어진 솜브레로 은하. 지금 우리가 보는 이 사진 속 은하는 3,000만 년 전의 모습이다.

지구까지 오는 데 너무 오래 걸려 아직도 도착하지 못한 빛이 있다면, 우리는 그 빛을 볼 수 없겠지요. 현재 과학자들이 추측하는 우주의 나이는 약 138억 년이에요.

우주 팽창을 어떻게 알아냈을까? 122쪽으로 GO!

우주에는 138억 년 동안 날아왔어도 아직 지구에 도착하지 않은 빛이 있어요. 그래서 아무리 망원경이 좋아도 우리가 볼 수 있는 우주의 범위에는 한계가 있지요.

이론적으로 우리가 볼 수 있는 우주를 '관측 가능한 우주'라고 해요. 이 범위 밖의 우주에 관해서는 광속을 뛰어넘을 수 있는 기술이 나오지 않는 한 우리가 절대 알 수 없어요. 관측 가능한 우주의 반지름은 약 465억 광년이에요. 138억 광년보다 큰 건 빛이 날아오는 동안 우주가 팽창했기 때문이지요.

게다가 우주는 점점 빠른 속도로 팽창하고 있어요. 그에 따라 은하 같은 천체 사이의 거리도 점점 커지고 있지요. 지구에서 먼 우주일수록 팽창하는 속도도 빨라요. 아주 먼 곳에서는 우주가 팽창하는 속도가 빛의 속도보다도 빨라요. 그런 곳에 있는 천체에서 나오는 빛은 영원히 지구에 도달할 수 없어요. 빛보다도 빠른 속도로 지구에서 멀어지고 있으니까요.

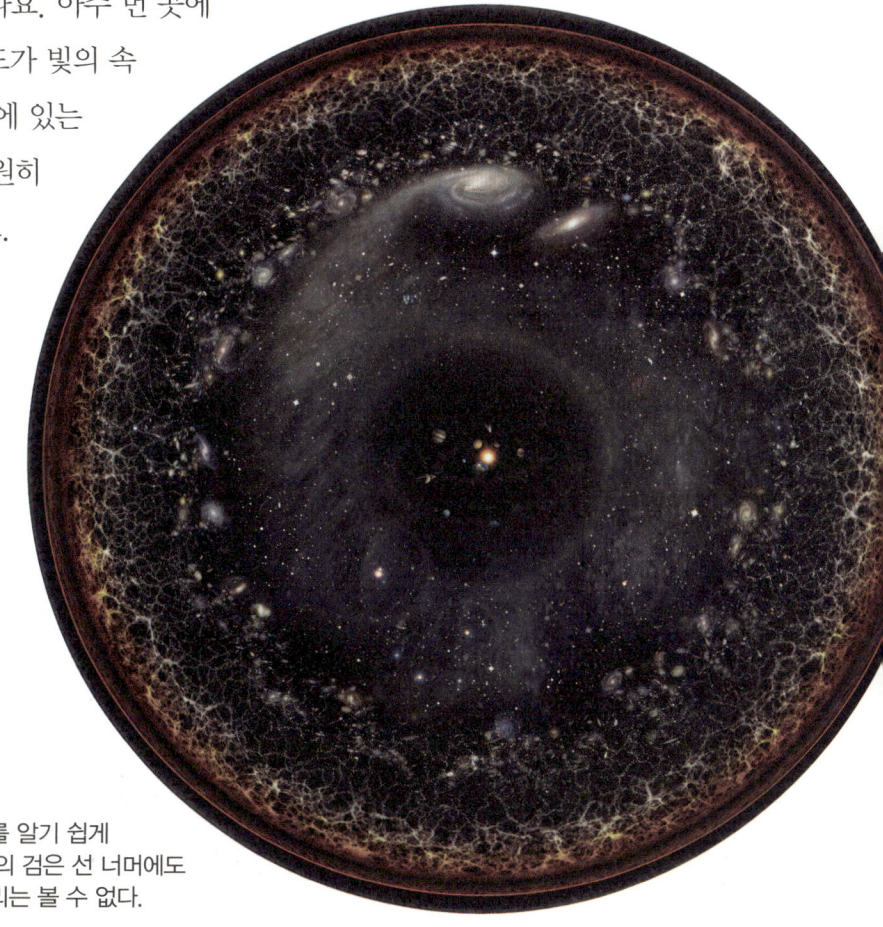

관측 가능한 우주를 알기 쉽게 표현한 그림. 바깥의 검은 선 너머에도 우주가 있지만 우리는 볼 수 없다.

23 제2의 지구를 찾을 수 있을까?

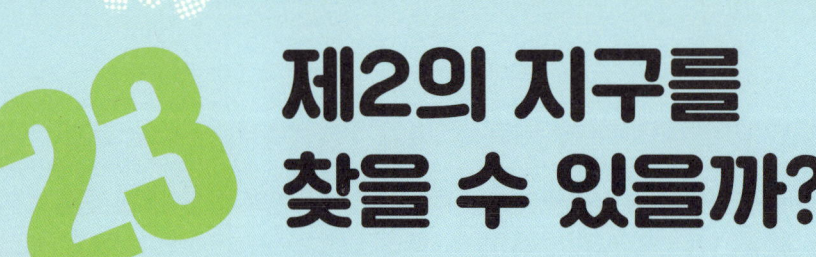

태양계에는 태양 주위를 도는 행성이 여덟 개 있어요. 태양과 비슷한 다른 별에도 행성이 있다고 생각할 수 있겠지요. 그중에서는 지구와 꼭 닮은 행성이 있을지도 몰라요.

사람들은 오래전부터 우주에 외계행성이 있을 거라고 추측해 왔어요. 하지만 실제로 외계행성이 있다는 사실을 확인한 건 얼마 되지 않았어요. 1995년 스위스의 천문학자 미셸 마요르와 디디에 쿠엘로는 태양과 비슷한 별에서 외계행성을 발견했어요. 이 두 사람은 이 공로로 2019년에 노벨 물리학상을 받았지요.

그 뒤로 외계행성은 아주 많이 발견되었어

외계행성을 발견한 공로로 노벨상을 받은 디디에 쿠엘로(왼쪽)와 미셸 마요르(오른쪽)

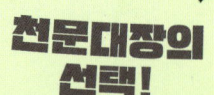

요. 2021년 12월 기준으로 발견된 외계행성의 수는 4,800개가 넘어요. 행성을 가지고 있는 별의 수는 3,600개가 넘고, 그중 800개 이상의 별이 두 개 이상의 행성을 가지고 있지요. 이 수는 우리가 확인한 것에 불과할 뿐이니 실제로 외계행성은 이보다 훨씬 많을 거예요.

외계행성을 찾는 건 외계생명체 찾기와 관련이 있어요. 아직 우리는 지구 밖에서 생명체를 찾지 못했지만, 지구와 비슷한 행성을 찾을 수 있다면 생명체가 있을 거라고 기대해 볼 수 있으니까요.

외계행성에 지구에 사는 것과 비슷한 생명체가 있으려면 여러 가지 조건이 갖추어져야 해요. 먼저 행성 자체가 암석으로 이루어져 있고 액체 상태의 물도 충분히 있어야 해요. 공기를 붙잡아 놓을 정도로 중력이 크려면 크기도 적당히 커야 하지요. 이런 조건을 만족하려면 별과 행성 사이의 거리도 중요해요. 별에 너무 가깝지도 않고 너무 멀지도 않아 생명체의 존재 가능성이 있는 공간을 '골디락스 존'이라고 해요. 지구는 태양의 골디락스 존에 있는 행성이랍니다.

태양계의 골디락스 존. 지구는 골디락스 존에 있는 행성이다. 하지만 먼 미래에 태양이 적색거성으로 부풀어 오르면 지구가 아닌 목성과 토성이 골디락스 존에 놓이게 된다.

케플러-22b의 상상도

2011년에 지구에서 587광년 떨어진 곳에서 발견된 행성 케플러-22b가 골디락스 존에 있다는 사실이 밝혀졌어요. 과학자들은 이 행성의 크기가 지구의 2.5배이고, 표면 온도는 섭씨 22도라고 추측하고 있어요.

행성은 별보다 아주 작고 너무 멀리 있어서 망원경으로 볼 수는 없어요. 거의 간접적인 증거를 이용해 찾는답니다. 외계행성을 찾는 방법은 다양해요. 하지만 지금까지 발견된 외계행성은 대부분 두 가지 방법 중 한 가지를 이용해 찾아냈어요.

시선속도 측정법

지구가 태양 주위를 돌고 있지만, 엄밀히 말하면 지구의 중력 때문에 태양도 움직여요. 태양이 지구에 비해 워낙 크기 때문에 눈에 잘 띄지 않을 뿐이에요. 마찬가지로 행성이 있는 별은 지구에서 보면 아주 미세하게 움직여요. 어떨 때는 지구 쪽으로 다가오다가 어떨 때는 지구에서 멀어지지요. 별에서 나오는 빛을 정밀하게 관측하면 이와 같은 별의 움직임을 알아낼 수 있어요.

행성의 별빛 가림 현상

별 주위를 공전하는 행성이 지구와 별 사이를 지나가면 그동안 별빛을 가리게 돼요. 어떤 별을 관측했는데 주기적으로 별빛이 어두워진다면, 그 별에 행성이 있을 가능성이 있다는 뜻이지요.

망원경으로 찾은 가장 놀라운 천체가 궁금하다면? 88쪽으로 GO!

이 방법으로는 행성의 크기도 짐작할 수 있어요. 행성이 작다면 별빛이 어두워지는 정도도 작고, 행성이 크면 별빛을 많이 가려서 더 많이 어두워지겠지요. 다만 이 방법은 외계행성이 별을 공전하는 면이 지구에서 보는 각도와 일치해야만 찾을 수 있다는 단점이 있어요.

케플러 우주망원경

2009년에 발사되었다가 2018년에 수명을 다한 케플러 우주망원경은 이 방법을 이용해 외계행성을 찾는 임무를 맡았어요. 15만 개에 달하는 별의 밝기를 꾸준히 관측하며 행성에 가려 어두워지는 별을 찾았지요. 임무를 마칠 때까지 케플러 우주망원경은 2,600개 이상의 외계행성을 발견했답니다. 케플러 우주망원경의 뒤를 이어 올라간 TESS 우주망원경은 더 발전한 관측 기기를 이용해 지금도 외계행성을 찾고 있어요.

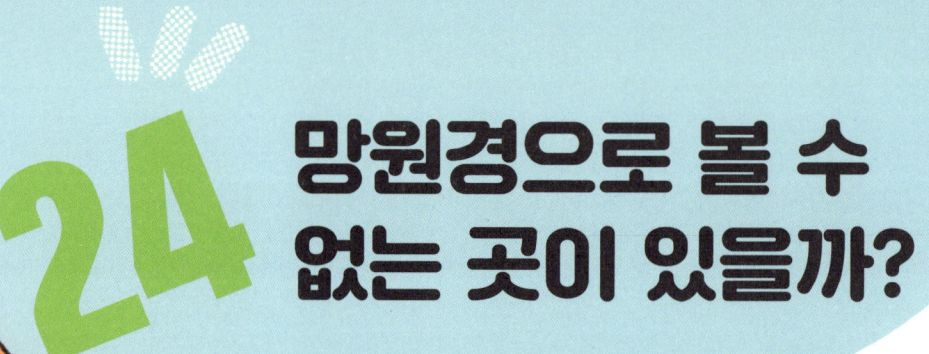

24 망원경으로 볼 수 없는 곳이 있을까?

공기가 깨끗한 곳에서 밤하늘을 바라보면 온 하늘에 별이 가득해요. 하지만 우리 눈에 보이는 별은 모두 우리은하 안에 있는 별이에요. 우리은하 밖에는 수많은 다른 은하가 서로 무리를 이루고 있답니다.

우주라고 하면 우리는 보통 별을 생각해요. 하지만 우주 전체를 놓고 보면 은하가 기본 단위가 돼요. 그래서 은하를 '우주의 세포'라고 부르기도 하지요. 우주를 제대로 이해하기 위해서는 은하가 어떻게 탄생했고, 어떻게 무리를 지어 움직이는지 알아야 해요.

우리은하는 우주 공간에 홀로 있지 않아요. 30개가 넘는 은하가 모여 있는 국부은하군에 속해 있어요. 국부은하군은 지름이 1,000만 광년 정도이며, 안드로메다 은하도 여기에 속해 있어요. 국부은하군에서는 우리은하와 안드로메다

허블 우주망원경이 찍은 우리은하의 중심부. 이 별무리 밖 우주에는 이 별보다 많은 은하가 있다.

천문대장의 선택!

우주에 있는 수많은 은하의 모습. 사진 속의 점 하나하나가 모두 은하다. 달보다도 작은 빨간 네모 구역을 찍었을 때 나온 결과다.

은하가 가장 커요. 두 은하가 다른 작은 은하들을 거느리고 있는 모양이지요. 마젤란 은하가 바로 우리은하가 거느린 은하예요.

   은하군보다 더 많은 은하가 모인 집단을 은하단이라고 해요. 지구에서 가장 가까운 은하단은 처녀자리 은하단으로 1,300개 정도의 은하로 이루어져 있어요.

   더 많은 은하단과 은하군이 모이면 초은하단이라고 불러요. 초은하단은 긴 선이나 판과 같은 구조를 이루고 있어요. 우리가 속한 국부은하군은 처녀자리 은하단과 함께 라니아케아 초은하단에 속해 있어요. 길이가 5억 광년이 넘고 은하가 10만 개 이상 있는 거대한 구조지요.

 **상식 쌓기**

안드로메다 은하는 현재 초속 110킬로미터의 속도로 우리은하에 가까워지고 있어요. 이대로라면 대략 40억 년 뒤에는 우리은하와 충돌하게 돼요. 충돌 결과 합쳐진 은하는 밀코메다 은하라고 불러요. 물론 그때까지 우리 인간이 남아 있어야 이 현상을 볼 수 있겠지요.

허블 우주망원경이 찾아낸 은하의 충돌 장면. 두 은하가 서로 융합하고 있다. 우리은하와 안드로메다 은하도 먼 미래에 이런 형태로 충돌할 가능성이 높다.

초은하단이 우주에서 가장 큰 구조는 아니에요. 1980년대에 수많은 은하가 모여 있는 거대한 벽 구조가 발견되었어요. 벽처럼 생긴 모양을 본따 이런 구조를 '장성'이라고 해요.

2003년에는 길이가 14억 광년에 달하는 '슬론 장성'이 발견되었어요. 2013년에는 길이가 40억 광년에 달하는 초거대 퀘이사군이 발견되었고요. 지금까지 찾아낸 것 중에서 가장 큰 장성은 길이가 약 100억 광년인 헤라클레스자리-북쪽왕관자리 장성이에요. 관측 가능한 우주의 지름인 930억 광년의 10분의 1 이상을 차지할 정도로 거대하지요.

우주에서는 이런 거대 구조를 따라 은하가 모여 그물 같은 구조를 이루는데, 그 사이에는 텅 빈 공간이 있어요. 우주의 다른 곳보다 물질이 훨씬 적은 공간이지요. 이런 공간을 '거시공동'이라고 해요. 이곳에는 은하가 아예 없거나 거의 없어요. 천문학자들이 열심히 관측해도 이곳에서는 은하를 거의 찾을 수 없었어요.

 이런 공동은 우주 탄생의 순간인 빅뱅 때 만들어졌을 것으로 추측하고 있어요. 이 공간을 연구하면 우주의 약 68퍼센트를 차지하는 암흑에너지를 이해하는 데 도움이 될 거예요.

허블 우주망원경으로 찍은 아벨2744 은하단의 모습

우주의 구조를 나타낸 그림. 실 같은 구조 사이의 텅 빈 공간이 거시공동이다.

암흑에너지는 뭘까? 126쪽으로 GO!

25 망원경으로 빅뱅을 볼 수 있을까?

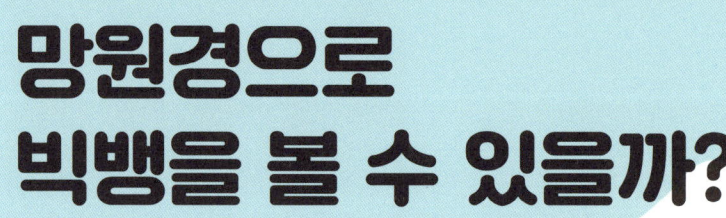

우리가 무엇을 본다는 건 그 무엇의 예전 모습을 보는 거예요. 빛의 속도가 정해져 있기 때문이에요. 빛이 우리 눈까지 날아오는 데 걸리는 시간만큼 과거의 모습을 본다고 할 수 있지요.

친구의 얼굴에서 반사된 빛이 우리 눈에 들어오기까지는 시간이 걸려요. 먼 산에서 반사된 빛이 우리 눈에 들어오는 데는 그보다 좀 더 시간이 걸리겠지요. 빛은 1초에 지구를 일곱 바퀴 반이나 돌 수 있어서 친구의 얼굴이나 먼 산에서 나온 빛이 우리 눈에 도착하는 데 걸리는 시간은 매우 짧아요. 그래서 예전 모습

천문대장의 선택!

임에도 우리는 바로 지금 보는 모습이라고 받아들인답니다.

그런데 공간이 엄청나게 넓은 우주로 나가면 이야기가 달라져요. 우리가 보는 달의 모습은 사실 1.3초 전의 모습이에요. 우리 눈에 비친 태양의 모습은 8분 20초 전의 모습이에요. 태양에서 지금 어떤 사건이 일어난다고 해도 우리는 8분 20초 뒤에야 그 사실을 알 수 있어요.

수백만, 수억 광년 떨어진 은하의 모습은 수백만, 수억 년 전의 모습이에요. 예를 들어 지금 우리가 보는 안드로메다 은하의 모습은 아직 인류가 존재하기도 전인 250만 년 전의 모습이지요. 결국 망원경으로 보는 우주는 바로 과거의 우주예요.

GN-z11. 이 모습은 134억 년 전의 것이다.

더 멀리 있는 천체를 관측할수록 더 먼 과거를 볼 수 있어요. 지금까지 발견된 천체 중에서 가장 먼 건 GN-z11이라는 은하예요. 무려 134억 년 전에 출발한 빛이 지금 지구에 도착하고 있는 거랍니다. 우리은하의 25분의 1 정도로 작지만, 어려서인지 우리은하보다 20배 더 빠르게 새로운 별을 만들고 있어요. 이 은하를 잘 관찰하면 134억 년 전의 우주에 관해 알 수 있어요.

134억 년 전이라는 건 우주가 태어난 지 4억 년 뒤에요. 우주는 약 138억 년 전에 빅뱅 현상으로 태어났어요. 빅뱅은 대폭발이라는 뜻이에요. 원래 우주의 모든 물질과 에너지는 작은 한 점에 갇혀 있었어요. 그러다가 어느 순간이 대폭발을 일으키며 우주가 생겼지요.

우주는 태어난 직후에 급격한 팽창을 겪었어요. 빛보다 빠른 속도로 공간이 커지

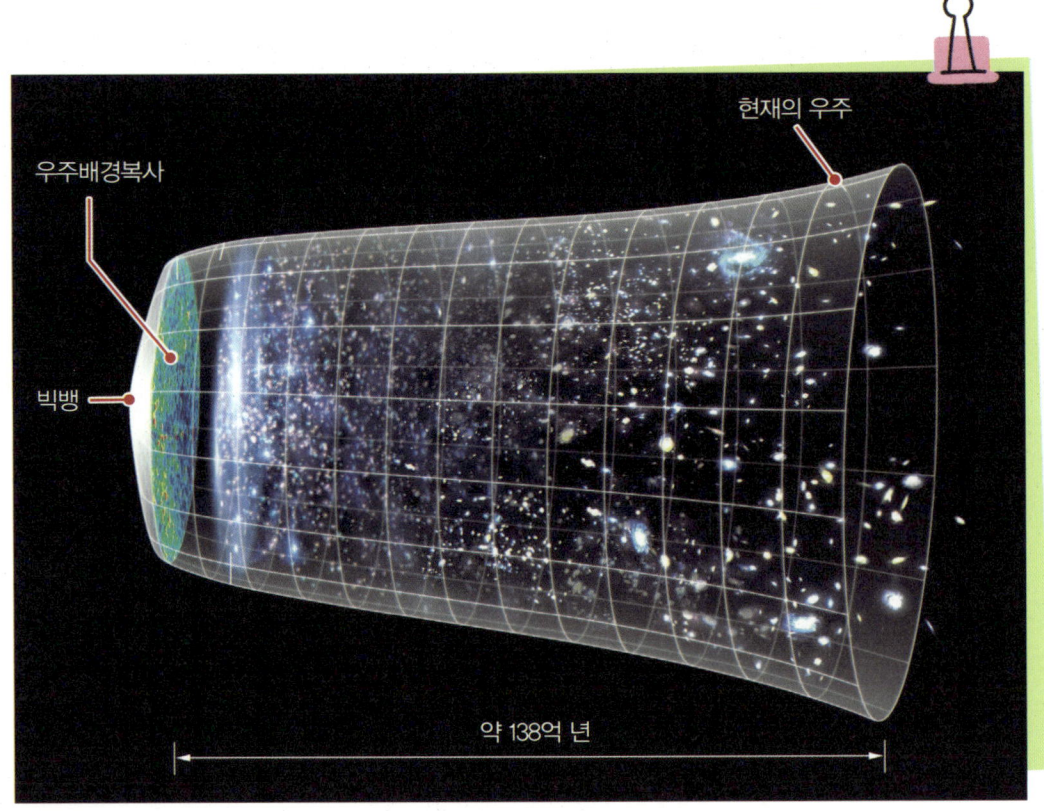

빅뱅 후 우주의 역사

며 우주가 아주 넓어졌지요. 그 뒤에 물질을 이루는 입자가 생기고, 별과 행성, 은하 등이 생겨났어요.

GN-z11 은하가 보여 주는 모습은 빅뱅 이후 4억 년이 지났을 때의 모습이에요. 이보다 더 멀리 떨어진 은하는 아직 찾지 못했으므로 그 전에 별이나 은하가 어떤 모습이었는지는 알 수 없어요.

하지만 이게 우리가 볼 수 있는 가장 '어린 우주'는 아니에요. 전파망원경으로 우주를 관찰하면, 별이나 은하가 없는 곳에서도 아주 희미한 빛이 날아오는 것을 알 수 있어요. 1964년 아노 펜지어스와 로버트 윌슨이 우주 어디서나 똑같이 날아오고 있는 전파를 발견했지요.

이 전파를 우주배경복사라고 불러요. 빅뱅 직후의 우주는 빛이 물질에서 탈출하지 못해 불투명한 상태였어요. 그런데 빅뱅 이후 약 40만 년 뒤에 우주의 온도가 낮아지면서 빛이 빠져나와서 자유롭게 움직일 수 있게 되었어요. 우주가 팽창하면서 이 빛이 파장이 긴 전파가 되어 망원경에 잡히는 거예요.

즉, 우주배경복사는 빅뱅 이후 40만 년 뒤의 우주에서 처음 나온 빛이라고 할 수 있어요. 그 이전의 우주에서는 빛이 나오지 않아서 우리가 망원경으로 볼 수 없어요. 따라서 빅뱅을 직접 관측하지 못할 거예요. 빅뱅 이후 40만 년 뒤가 우리가 볼 수 있는 가장 오래된 우주인 셈이지요.

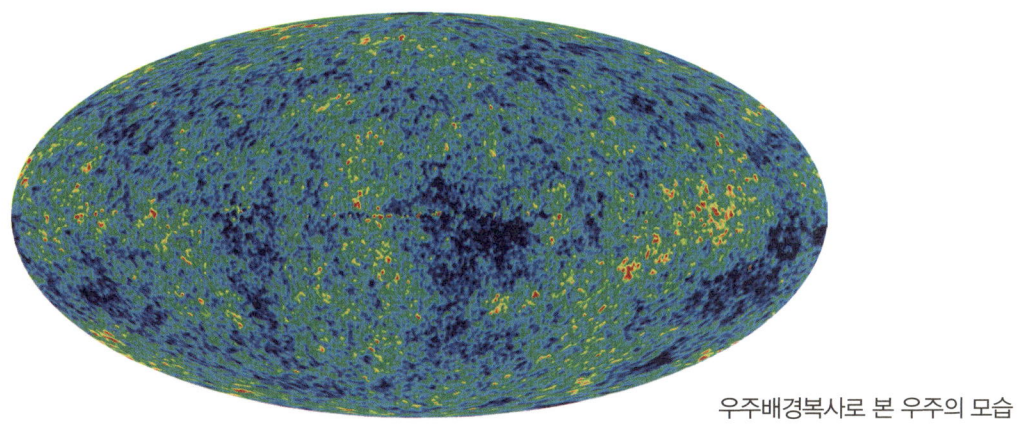

우주배경복사로 본 우주의 모습

26 우주 팽창을 알아낸 방법은?

우주는 빅뱅 이후 지금도 계속 팽창하고 있어요. 심지어 팽창하는 속도가 점점 빨라지고 있다고 해요. 그렇다면 우주가 팽창한다는 사실은 어떻게 알아냈을까요?

우주가 아주 뜨겁고 밀도가 높은 한 점에서 뻥 하고 터졌다는 빅뱅 이론은 언뜻 들으면 아주 황당해요. 그래서 처음에는 조롱을 받기도 했어요. 거대한 폭발이라는 뜻의 '빅뱅'부터가 우주가 "뻥 하고 터졌다는 게 말이 되느냐"라는 놀림 섞인 비판에서 나온 이름이에요.

사실 빅뱅 이론은 우주가 팽창하고 있다는 관측 사실에 바탕을 두고 있어요. 우주가 팽창하고 있다는 건 과거에 지금보다 작았다는 뜻이니까요. 그러면 아주 먼 과거로 올라가면 우주가 작은 점이었을 수 있다는 생각이 자연스럽게 떠오르지요.

에드윈 허블

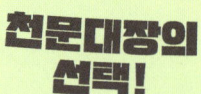

상대성이론으로 유명한 과학자인 알베르트 아인슈타인은 우주가 팽창하지도 수축하지도 않는다고 생각했어요. 그런데 얼마 뒤에 아인슈타인의 생각을 무너뜨리는 일이 일어났어요. 미국의 천문학자 에드윈 허블이 외부 은하들이 지구에서 멀어지고 있다는 사실을 알아냈거든요.

허블은 도플러 효과를 이용했어요. 도플러 효과는 파동을 내는 물체가 관찰자에게 가까워지면 소리나 빛의 파장이 짧아지고, 멀어지면 파장이 길어지는 현상이에요. 소방차가 빠른 속도로 다가올 때는 사이렌 소리가 높아지다가 멀어질 때는 낮아지지요.

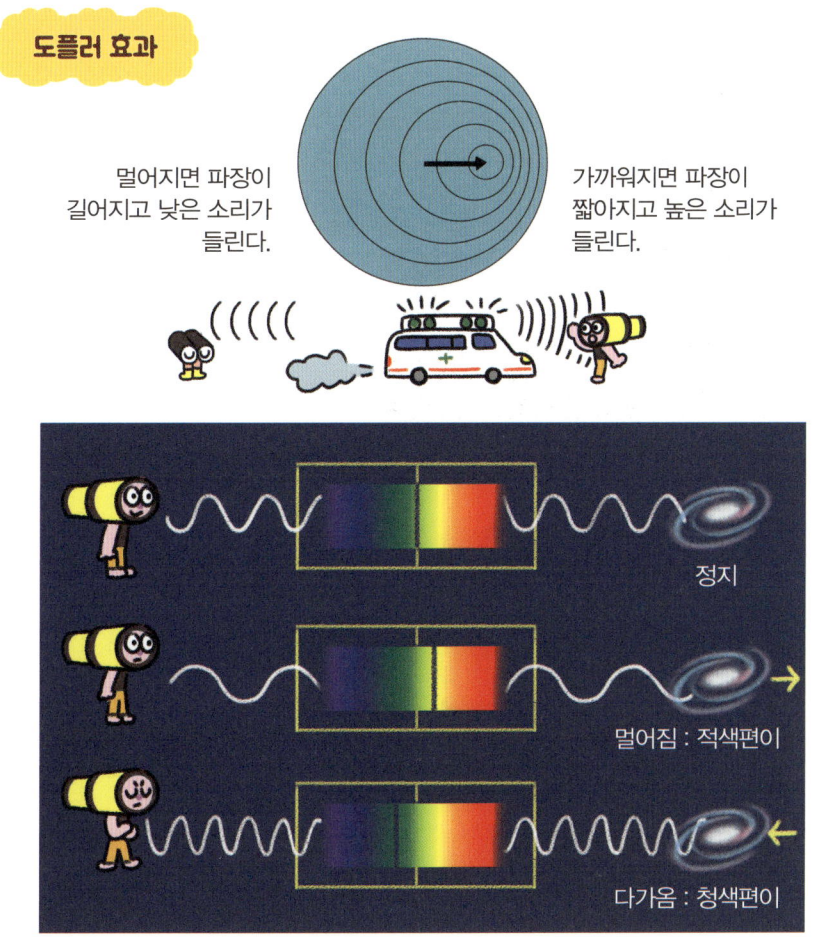

빛도 마찬가지예요. 어떤 천체가 우리에게 다가올 때는 파장이 짧아져요. 파장이 짧은 가시광선은 푸른색을 내기 때문에 청색편이라고 해요. 반대로 우리로부터 멀어지는 천체에서 나오는 빛은 파장이 길어져요. 파장이 긴 가시광선의 붉은색을 따 적색편이라고 하지요. 허블은 외부 은하에서 나오는 빛이 적색편이를 일으킨다는 사실을 알아냈어요. 은하들이 지구로부터 멀어지고 있다는 뜻이지요. 게다가 거리가 먼 은하일수록 멀어지고 있는 속도도 빨랐어요.

그렇게 우주가 팽창한다는 사실이 밝혀졌어요. 하지만 궁금증은 여전히 남아 있었어요. 우주는 언제까지 팽창할까요? 영원히 팽창할까요, 아니면 언젠가는 팽창을 멈추고 수축할까요?

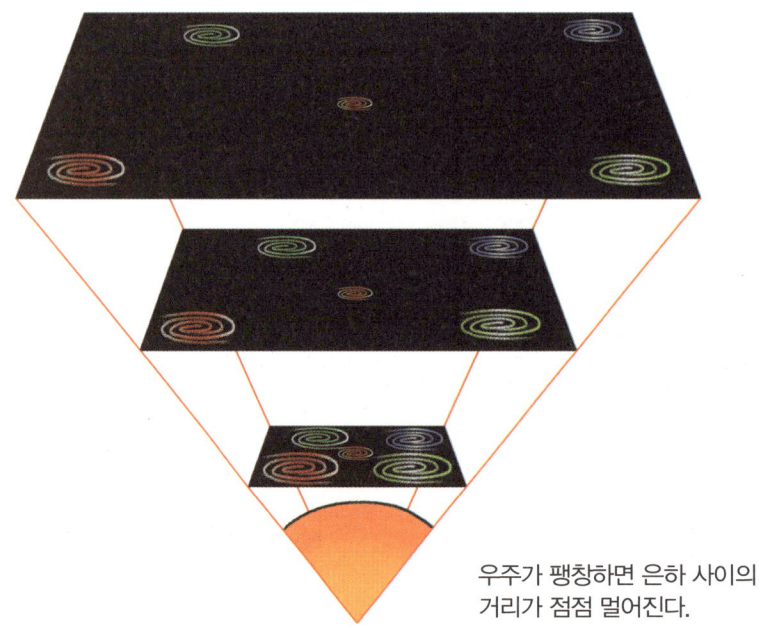

우주가 팽창하면 은하 사이의 거리가 점점 멀어진다.

허블이 우주의 팽창을 밝혀내고 약 70년 뒤, 우주의 팽창 속도가 점점 빨라지고 있다는 사실이 추가로 드러났어요. 우주 팽창을 연구하려면 외부 은하까지의 거리를 정확히 알아야 해요. 이를 위해 1a형 초신성을 이용해요. 초신성은 별이 최후를 맞으며 폭발하는 현상인데, 1a형 초신성은 모두 밝기가 똑같아요. 원래 밝기를 알고 있으니 지구에서 보이는 밝기를 이용해 얼마나 멀리 떨어져 있는지 계산할 수 있어요. 멀리 떨어져 있을수록 어둡게 보일 테니까요. 그래서 1a형 초신성을 우주의 '표준 촛불'이라고도 불러요.

허블 우주망원경으로 찍은 1a형 초신성의 모습. 은하 왼쪽 아래의 밝은 점이 초신성이다.

과학자들은 수십 개의 1a형 초신성을 관측했어요. 그 결과 우주의 팽창 속도가 줄어들기는커녕 오히려 빨라지고 있다는 사실을 알아냈지요. 원래 이들은 우주 팽창 속도가 점점 줄어들 것이라고 예측하고 연구를 했는데, 정반대의 결과가 나와서 깜짝 놀랐다고 해요. 이 연구 결과로 2011년에 노벨 물리학상을 받기도 했답니다.

우주가 팽창하는 이유는 아직 몰라요. 정확한 이유를 알아내려면 앞으로 훨씬 더 많은 연구가 이루어져야 할 거예요.

빅뱅에 대해 자세히 알고 싶다면❓ 118쪽으로 GO!

27 암흑에너지의 존재는 어떻게 알아냈을까?

사실 우리가 볼 수 있는 우주는 우주 전체의 약 5퍼센트에 불과해요. 나머지 95퍼센트는 우리가 볼 수 없고, 무엇으로 이루어져 있는지도 정확히 모른답니다.

의자, 책상, 책, 나무, 물, 스마트폰을 비롯한 모든 물체는 물질로 이루어져 있어요. 우리 자신도 마찬가지고, 지구와 태양 같은 천체도 똑같아요. 그리고 우리가 접하는 모든 물질은 원자, 그리고 원자보다 작은 여러 가지 입자로 이루어져 있어요. 이 작은 입자들을 소립자라고 부르지요.

그런데 이런 물질을 모두 합해도 우주의 5퍼센트밖에 되지 않아요. 나머지 95퍼센트는 암흑물질과 암흑에너지라는 것이 채우고 있지요. 먼저 암흑물질은 우주의 27퍼

센트를 차지해요. 질량이 있어 중력을 발휘하는 물질이지만, 빛을 내지도 않고 다른 물질과 반응하지도 않아 망원경 같은 지금 우리가 가진 수단으로는 볼 수 없어요.

암흑물질은 보이지 않을 뿐 엄연히 존재하는 물질이기 때문에 중력이 있어요. 그래서 간접적으로 존재를 알 수 있어요. 예를 들어 은하단을 관측하면 은하단에 속한 은하의 속도가 매우 빠른 것을 알 수 있어요. 이런 은하가 밖으로 튀어 나가지 않는다는 건 매우 강한 중력이 붙잡고 있다는 뜻이에요. 그런데 우리가 볼 수 있는 별이나 우주 공간의 가스만으로는 그렇게 큰 중력을 설명할 수 없었어요. 그래서 보이지는 않지만, 중력을 내는 물질이 있다고 추측하기 시작했지요.

마찬가지로 중력에 의해 빛이 휘는 중력렌즈 현상을 관찰하면 우리 눈에 보이는 물질에 비해 빛이 더 많이 휘고 있어요. 역시 보이지 않는 물질이 있다는 뜻이지요. 다만 암흑물질이 정확히 어떤 물질인지는 아직 밝혀지지 않았어요.

현재 우주의 팽창 속도는 점점 빨라지고 있어요. 우주의 가속팽창이라고 하는 현상이지요. 그렇다면 우주를 점점 빠르게 팽창시키고 있는 힘은 어디서 나오는 걸까요? 그런 힘이 없다면 물질과 암흑물질의 중력에 의해 팽창이 점점 줄어들다가 결국 다시 수축해야 할 텐데요.

지금 우리가 알고 있는 모든 물질과 에너지를 이용해도 우주의 가속팽창을 설명할 수는 없어요. 그래서 과학자들은 암흑에너지라는 가상의 존재를 생각해 냈어요. 암흑에너지는 우주에 퍼져 있으며, 중력과 달리 밀어내는 힘을 발휘해요. 이 힘이 중력보다 크다면 우주가 계속 팽창할 수 있겠지요.

허블 우주망원경으로 여러 은하단을 찍은 모습. 은하의 이동을 바탕으로 암흑물질이 있는 곳을 예상해 파란색으로 나타냈다.

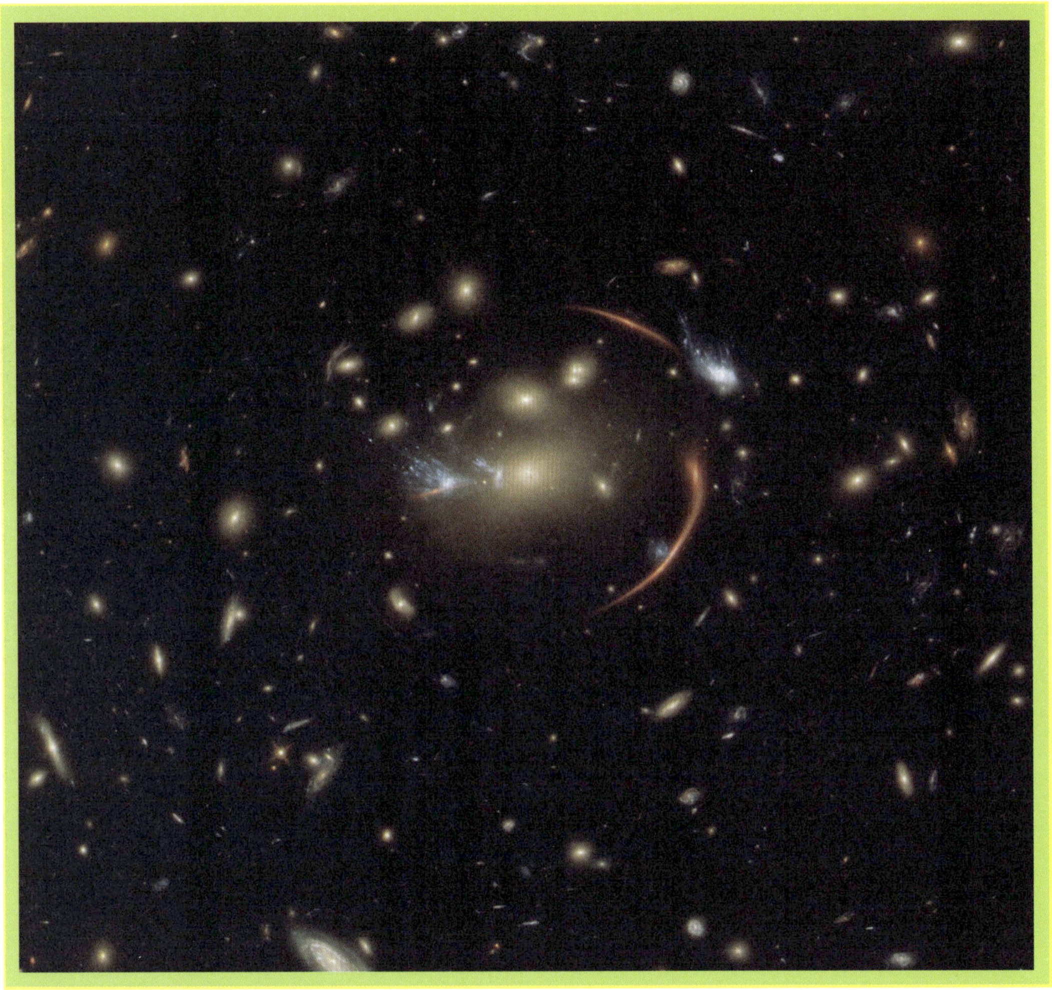

허블 우주망원경이 찍은 중력렌즈 현상

암흑에너지는 물질과 암흑물질을 제외한 우주의 나머지 68퍼센트를 차지해요. 하지만 암흑에너지는 우주의 가속팽창을 설명하기 위한 존재일 뿐이라 아직 아무도 정체를 몰라요. 심지어는 다른 방법으로 팽창을 설명할 수 있으니 암흑에너지는 필요 없다는 주장도 있어요.

중력을 관측하는 방법도 있을까? 88쪽으로 GO!

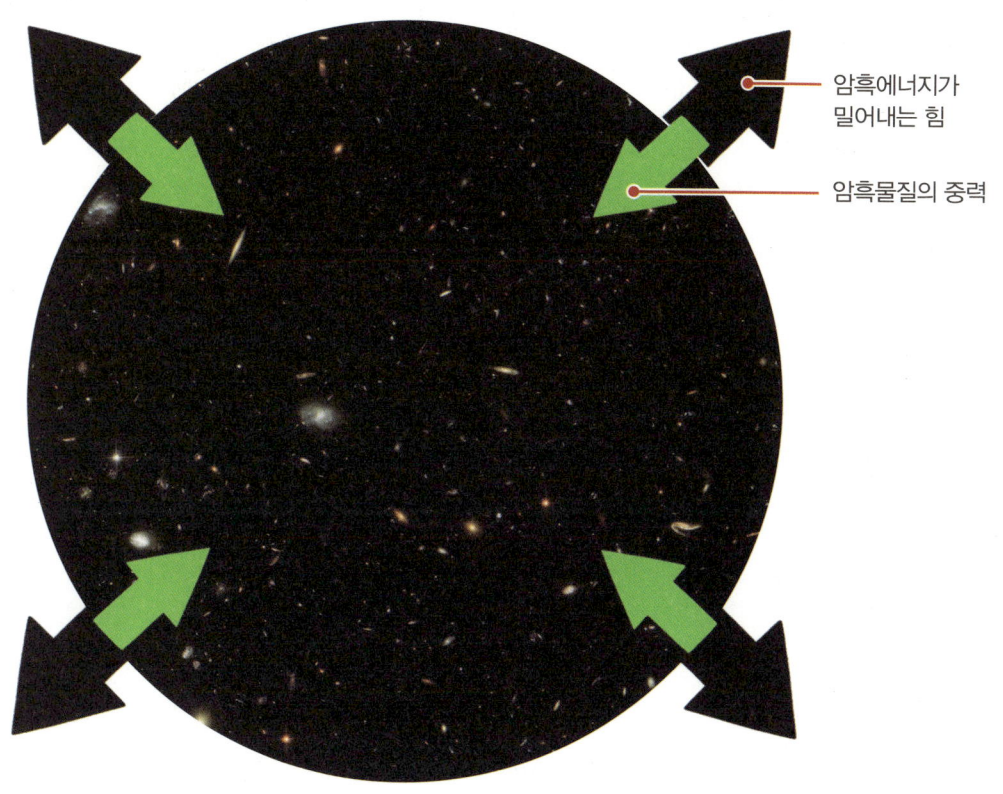

암흑에너지가
밀어내는 힘

암흑물질의 중력

만약 암흑물질과 암흑에너지가 모두 존재한다면, 우리는 엄청나게 넓은 우주에서 단지 5퍼센트만을 보며 놀라고 신비로워 하는 셈이에요. 지금도 과학자들은 여러 가지 방법으로 암흑물질과 암흑에너지의 증거를 찾고 정체를 밝히려고 노력하고 있어요. 보이지 않던 우주의 비밀도 언젠가는 베일을 벗고 모습을 드러낼지 모른답니다.

과학자들이 생각하는 우리 우주의 구성 물질.
우리 눈에 보이는 모든 천체는
겨우 5퍼센트밖에 되지 않는다.

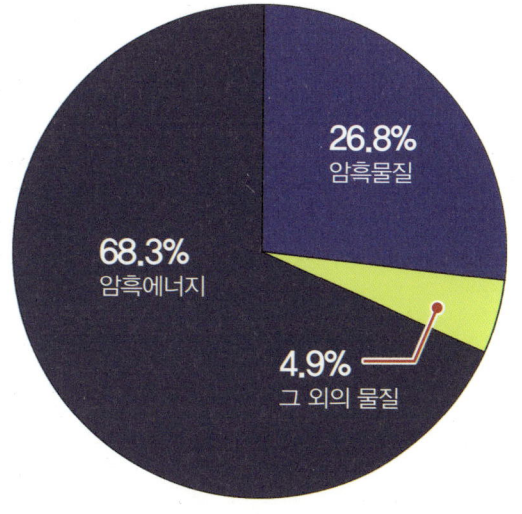

26.8%
암흑물질

68.3%
암흑에너지

4.9%
그 외의 물질

천문대장의 인사

여러분 덕분에 우주의 끝까지 볼 수 있는 그림 같은 천문대를 짓고
이 안에서 우주의 비밀을 모두 밝혀낼 수 있게 됐어요.
매일 밤마다 우주에 있는 여러 망원경이 찍은 다양한 사진을 보면서
별빛에 맞춰 돔을 돌리고 접시를 조절하며
하늘이 들려주는 이야기에 흠뻑 빠져 보세요.
혹시 기억이 나지 않는다고 해도 괜찮아요.
여러분이 직접 탐험하고 기록한 연구 일기,
즉 이 책을 다시 한번 보면 되니까요.
잊지 마세요.
우주의 끝은 존재하지만, 여러분의 탐험은 끝나지 않는다는걸요.
그럼 우주에서 또 만나요!

단어풀이

ㄱ

가속팽창 물체가 부푸는 속도가 갈수록 빨라지는 현상. 우주는 가속팽창을 하고 있다.

가시광선 우리 눈에 보이는 빛. 흰색으로 보이지만 파장에 따라 여러 색으로 나뉜다.

간섭계 서로 멀리 떨어져 있는 전파망원경을 연결해 아주 큰 망원경 하나와 같은 효과를 내는 기술

갈릴레이 16~17세기 이탈리아의 과학자. 천체망원경을 직접 만들고 목성의 위성을 관찰했다. 지동설을 주장하고 중력 실험을 한 것으로도 유명하다.

감마선 파장이 가장 짧고 에너지가 굉장히 강한 빛. 사람이나 생물이 직접 쬐면 몸에 해로운 영향을 미친다.

거울 매끄럽게 다듬고 뒤에 금속면을 붙여 반사가 잘 일어나게 만든 유리. 직접 볼 수 없는 얼굴이나 몸을 들여다볼 때 쓴다.

골디락스 존 별에 너무 가깝지도 않고 너무 멀지도 않아 생명체가 존재할 가능성이 있는 공간

공동 아무런 물체도 없이 텅 빈 공간

공전 한 천체가 다른 천체의 주위를 일정한 시간 간격으로 도는 현상

공전주기 천체가 한 바퀴 공전하는 데 걸리는 시간

광학망원경 가시광선으로 천체를 관찰하는 망원경. 거울이나 렌즈를 이용해 만든다.

구경 망원경의 대물렌즈 지름. 클수록 망원

경의 성능이 좋아진다.

굴절 빛이 한 물질에서 다른 물질로 이동할 때 꺾이는 현상. 물질의 밀도에 따라 빛의 속도가 달라지기 때문에 생긴다.

궤도 작은 천체가 큰 천체의 둘레를 돌 때, 중력의 영향을 받아 그리는 원이나 타원 모양의 일정한 길

극지 북극과 남극 그리고 두 극의 주변 지역을 아울러 이르는 말. 지구뿐만 아니라 태양계 행성과 위성 모두에 극지가 있다.

나노미터 10억 분의 1미터

남반구 지구의 적도를 기준으로 남쪽 전체. 대륙이 적고 바다가 많다. 남반구에서는 북반구와 다른 별자리나 천체를 볼 수 있다.

뉴턴 17~18세기 영국의 과학자. 중력과 물체의 운동에 대해 정리하고 여러 법칙을 만들었다. 거울을 쓴 반사망원경을 처음으로 만든 사람이다.

달 지구의 위성. 한 달에 한 번씩 지구 주위를 공전한다.

대물렌즈 망원경이나 현미경에서 물체를 향한 렌즈

데카르트 16~17세기 프랑스 과학자이자 철학자. 수학에서 쓰는 공간 좌표를 만든 사람이다. "나는 생각한다, 고로 존재한다"는 유명한 말을 남겼다.

도플러 효과 파동을 내는 물체가 관찰자에게 가까워지면 파장이 짧아지고, 멀어지면 파장이 길어지는 현상. 소리나 빛에서 관찰할 수 있다.

동공 눈 앞부분에서 빛을 받아들이는 공간. 홍채로 둘러싸여 있으며, 빛의 밝기에 따라 크기가 달라진다.

라그랑주 점 두 큰 천체 주변의 작은 물체가 어느 한 천체에 끌려가지 않고 한 자리에 있을 수 있는 점

렌즈 빛이 원하는 만큼 굴절되며 통과하게 만든 투명한 물체

ㅁ

마이크로미터 100만 분의 1미터

망막 눈으로 들어온 빛이 초점을 맺는 부분

망원경 먼 곳에 있는 물체를 마치 가까이 있는 것처럼 크고 선명하게 볼 수 있게 해 주는 장치

무지개 가시광선이 공기 중의 물방울에 굴절되면서 여러 가지 파장으로 갈라지며 생기는 자연 현상. 우리 눈에는 일곱 가지 색으로 보인다.

밀도 일정한 크기 안에 물질이나 입자가 빽빽하게 들어차 있는 정도. 고체는 밀도가 높지만 기체는 밀도가 낮다.

ㅂ

반사 빛이 물체의 표면에 부딪혔다가 튕겨 나오며 방향을 바꾸는 현상. 거울은 반사가 아주 잘 일어나는 물체다.

반사경 망원경으로 들어온 천체의 빛을 반사해 한 점에 모으는 역할을 하는 거울. 크게 주반사경과 부반사경으로 나뉜다.

배율 망원경이나 현미경 같은 도구를 통해 보이는 물체의 크기와 실제 물체의 크기 비율을 말한다.

백색왜성 태양같이 질량이 크지 않은 별이 최후를 맞이할 때 물질이 중심을 향해 쪼그라들어 만들어지는 작은 천체. 빛이 약하며 중력도 크지 않다.

보이저 1970년대에 태양계 탐사를 위해 쏘아올린 우주선. 보이저 1호는 2013년, 보이저 2호는 2018년에 태양계 밖으로 나갔다. 태양계를 벗어난 '성간 우주'에 처음으로 진출한 우주선들이다.

북극성 작은곰자리에 있는 별로 우리가 보는 우주의 북극 지점에 위치한다

북두칠성 큰곰자리에 있는 별 무리. 일곱 개(실제로는 여덟 개)의 별이 국자 모양으로 늘어서 있어 밤하늘에서 쉽게 찾을 수 있다.

북반구 지구의 적도를 기준으로 북쪽 전체. 대륙이 많고 바다가 적다. 지구 대부분의 대륙이 북반구에 몰려 있다.

분해능 서로 붙어 있는 두 물체를 구분해서 볼 수 있는 능력

블랙홀 엄청나게 중력이 강해 빛조차 빠져나갈 수 없는 천체. 보통 질량이 아주 큰 천체가 최후를 맞았을 때 생긴다.

빅뱅 작은 한 점에 갇혀 있던 물질과 에너지가 대폭발을 일으킨 순간. 빅뱅이 일어나며 우주가 생겨났다.

상대성이론 아인슈타인이 시간과 공간, 힘을 한번에 설명할 수 있도록 만든 이론. 지금의 우주론과 물리학에 아주 큰 영향을 미쳤다.

색수차 가시광선을 이루는 각 색의 굴절률이 조금씩 달라서, 렌즈를 통해 본 물체의 가장자리에 무지개 같은 색이 어룽대는 현상

성단 수백에서 수천 개의 별이 빽빽하게 모여 있는 천체

성운 가스가 빽빽하게 모여 있는 천체로 가스의 성분에 따라 다양한 색을 낸다. 안에서는 가스가 뭉쳐 별이 만들어지고 있다.

수은 녹는점이 매우 낮아서 우리가 생활하는 온도인 상온에서 액체 상태인 금속

수정체 눈에서 빛을 굴절시키고 모으는 렌즈 역할을 하는 부분

아인슈타인 상대성이론을 세우고 중력파의 존재를 예측한 것을 비롯해 다양한 업적을 세운 물리학자. 노벨 물리학상을 수상했으며 20세기의 가장 위대한 과학자로 꼽힌다.

암흑물질 과학자들이 우주의 대부분을 차지할 것으로 생각하는 물질. 질량이 있어 중력을 발휘하지만, 빛을 내지도 않고 다른 물질과 반응하지도 않아 지금 우리가 가진 장비로는 볼 수 없다.

암흑에너지 우주에 퍼져 있으며, 중력과 달리 밀어내는 힘을 발휘하는 에너지. 우주의 가속팽창을 설명하기 위해 생각한 가상의 에너지다.

양성자 원자의 핵을 이루는 입자 중 하나로 양전하를 띈다.

엑스선 파장이 짧고 에너지가 강한 빛. 부드러운 물질은 통과하지만 딱딱한 물체에는 가

로막히기 때문에 몸속이나 가방 속을 들여다 볼 때 유용하게 쓰인다.

외계행성 지구를 비롯한 태양계의 행성처럼, 우주에 있는 다른 항성의 주변을 공전하는 행성

우주배경복사 빅뱅 이후 약 40만 년 뒤에 우주의 온도가 낮아지면서 처음으로 빠져나와 자유롭게 움직인 빛

우주선 우주를 탐사하기 위해 사람이 띄운 장비와 에너지를 가지고 우주에서 날아오는 입자, 둘 다를 일컫는다.

원자 물질을 구성하는 기본 입자. 양전하(+)를 띠는 양성자와 전기를 띠지 않는 중성자가 합쳐진 핵을 중심으로 음전하(−)를 띠는 전자가 돌고 있다.

위도 지구를 가로로 잘라 위치를 표현하는 선. 적도에 가까울수록 저위도, 극지방에 가까울수록 고위도라고 한다. 우리나라는 둘 사이의 중간에 해당하는 중위도에 위치해 있다.

위성 행성의 중력에 붙잡혀 행성 주변을 공전하는 작은 천체. 지구의 위성은 달이다.

은하 항성, 행성, 성운, 성단 같은 다양한 천체가 모여 한 점을 중심으로 조금씩 회전하고 있는 거대한 별무리. 우리 태양계는 우리은하 안에 속해 있다.

은하군 여러 개의 은하가 모여 있는 무리

은하단 은하군보다 더 많은 은하가 모인 무리. 은하단 여러 개가 모인 아주 거대한 집단을 초은하단이라고 한다.

은하수 밤하늘에서 볼 수 있는 우리은하의 일부분. 마치 별이 흐르는 강과 같다.

이벤트호라이즌 빛을 포함해 블랙홀의 중력에 끌려 들어간 물질이 다시 빠져나오지 못하는 경계면. '사건의 지평선'이라고도 한다.

자외선 가시광선보다 파장이 짧고 에너지가 조금 더 강한 빛. 생물의 피부나 세포를 망가뜨릴 수 있다.

자전 천체가 스스로 회전하는 현상

자전주기 천체가 한 바퀴 자전하는 데 걸리는 시간

장성 우주에서 말하는 장성은 수많은 은하가 모여 마치 벽 같은 구조를 이루고 있는 것을 말한다.

적색거성 나이가 들면서 중력이 약해서 가

스가 빠져나가며 크게 부풀어오른 항성

적외선 가시광선보다 파장이 길고 에너지가 조금 더 약한 빛. 물체가 내는 열은 적외선 형태로 전달된다.

전자 원자 안에 있는 작은 입자로 음전하를 띠고 있다.

전자기파 자석의 성질인 자기와 전기가 서로 직각을 이루며 파동의 형태로 공간을 퍼져 나가는 것. 빛은 전자기파 형태로 전달된다.

전파 빛 가운데 가장 파장이 긴 구간. 먼 거리까지 이동할 수 있어 통신, 방송용으로 쓰인다. 전자레인지의 마이크로파도 전파의 일종이다.

전파망원경 천체에서 나오는 전파를 관측하는 망원경

접안렌즈 망원경이나 현미경을 통해 물체를 보는 관찰자 쪽에 있는 렌즈

주기 같은 현상이나 특징이 한 번 나타난 뒤 다음 번 되풀이될 때까지의 기간

중력 물체가 다른 물체를 끌어당기는 힘

중력렌즈 중력이 너무 커서 주변의 공간을 일그러뜨리고 뒤에서 오던 빛까지 휘게 만드는 천체. 빛이 렌즈를 통과해 굴절하는 것처럼 보이기 때문에 이런 이름이 붙었다.

중력파 중력을 가진 물체에 변화가 일어날 때 공간이 출렁이며 생기는 파동

중성미자 우주에서 날아오는 아주 작은 입자. 그 무엇과도 반응하지 않기 때문에 찾기 어렵다.

중성자 원자의 핵을 이루는 입자로 아무런 전하도 띠지 않는다.

중성자별 아주 질량이 크지만 블랙홀이 될 만큼 중력이 강하지는 않은 별의 마지막 상태. 크기는 항성보다 작지만 원래의 질량이 작은 공간에 꽉꽉 들어차 있어서 밀도가 어마어마하게 높다.

지동설 지구를 포함한 천체가 태양을 중심으로 돌고 있다는 학설

진공 아무 것도 없는 공간 또는 그런 상태. 우주는 진공 상태다.

질량 물질이나 물체가 가지고 있는 고유한 양. 질량에 중력의 크기를 곱하면 무게가 된다.

집광력 망원경이 빛을 모으는 능력

천동설 우주의 모든 천체가 지구를 중심으로 돌고 있다는 학설. 지동설이 인정받으면서 사라졌다.

천문대 천체를 관측할 수 있도록 망원경을 포함한 여러 관측 장비를 갖춘 공간

천체 지구 밖, 다시 말해 우주에 있는 물체. 태양, 달, 행성, 성운, 성단 등 우주에 있는 모든 물체를 묶어 부르는 말이다.

청동 구리와 주석의 합금으로 튼튼하면서도 다듬기 쉬워서 기원전 2000년경의 인류가 가장 많이 사용했던 금속이다. 청동으로 생활용품부터 무기까지 만들었던 이 시대를 청동기 시대라고 부른다.

초신성 진화의 마지막 단계에 이른 별이 폭발하면서 엄청난 에너지를 순간적으로 한꺼번에 뿜으며 갑자기 밝게 빛나는 현상 또는 그런 현상을 일으킨 천체

케플러 자신만의 망원경을 만든 16~17세기 덴마크의 천문학자. 행성들의 움직임을 설명하는 케플러 법칙도 정리했다. 케플러 우주망원경은 케플러의 이름을 딴 것이다.

태양 우리 태양계의 중심에 있으며 지구에 가장 가까운 항성

태양계 태양과 태양이 거느린 행성, 혜성, 소행성 등을 묶어 부르는 말

파장 빛이나 소리 같은 파동이 한 번 진동하는 길이

프리즘 가시광선을 굴절시키거나 분산시키는 기동 모양의 투명한 물체. 보통 삼각 기둥 형태를 하고 있다.

항성 스스로 빛을 내는 천체. 태양과 별은 모두 항성이다. 핵융합 반응으로 열과 빛을 만들어 낸다.

행성 스스로 빛을 내지 못하고 항성의 중력에 붙잡혀 그 주위를 공전하는 천체

현미경 가까이 있는 아주 작은 물체를 크고 선명하게 볼 수 있게 해 주는 장비

흑요석 화산이 폭발할 때 나온 용암이 재빨리 굳으며 만들어진 암석. 마치 유리처럼 표면이 매끌매끌하고 날카롭게 깨지기 때문에 예부터 거울이나 무기로 쓰였다.

55쪽

망원경의 구경은 사람 동공의 25배예요(200÷8=25). 25를 제곱하면 625이므로 구경이 20센티미터인 망원경은 사람의 동공보다 625배 많은 빛을 모을 수 있답니다. 다시 말해 625배 더 어두운 별도 볼 수 있지요.

사진 출처

15, 17쪽	wikipedia(Public domain)
23쪽	pixabay
25쪽	Eric Rolph
26, 27, 28쪽	wikipedia(Public domain)
29쪽	고호관
30쪽	NASA
32쪽	NASA
	wikipedia(Public domain)
33, 36, 37쪽	wikipedia(Public domain)
53, 54쪽	NASA
56쪽	Pachango
	Ericand Holli
57쪽	NASA
	Lengau
	Denys
58쪽	ESO
	Mailseth
	Mia2you/Shutterstock.com
	Absolute cosmos
59쪽	GMTO Corporation
	TMT Observatory Corporation
	ESO
60~61쪽	ESO
64쪽	ESO
65, 66쪽	NASA
69쪽	NASA Adam Block and Tim Puckett
72쪽	Frank Ravizza
73쪽	고호관
73, 74~75쪽	ESO
76쪽	JIVE
	HyeRyung
79쪽	NASA
80쪽	NASA
	Alainr
	NASA
81쪽	ESO
85쪽	Andi111/Shutterstock.com
86쪽	OYLA
87쪽	Francois Montanet
	Amble
88쪽	wikipedia(Public domain)
90쪽	The Virgo Collaboration
	wikipedia(Public domain)
91쪽	ET Project
94쪽	NRAO/AUI/NSF
	NASA/JPL–Caltech/R. Gehrz
	NASA, ESA, J. Hester and A. Loll
95쪽	NASA/Swift/E.Hoversten, PSU
	NASA, CfA, and J. DePasquale
	NASA/DOE/FermiLAT R. Buehler
96, 97쪽	NASA
98쪽	Denise Applewhite & Princeton University
99, 100, 101쪽	NASA
104쪽	ESA – P. Carril
105, 106, 108쪽	NASA
109쪽	Pablo
110쪽	ESO
112, 113, 114, 115쪽	NASA
116쪽	ESA/Hubble & NASA, A. Evans
117, 119, 121쪽	NASA
122쪽	wikipedia(Public domain)
125, 126, 127, 128, 129쪽	NASA

그 외 셔터스톡(Shutterstock.com)

교과 연계

초등 과학

- **4학년 1학기** 혼합물의 분리
- **5학년 1학기** 태양계와 별
- **6학년 1학기** 지구와 달의 운동 / 빛과 렌즈
- **4학년 2학기** 그림자와 거울
- **5학년 2학기** 생물과 환경 / 날씨와 우리 생활
- **6학년 2학기** 계절의 변화

중등 과학

- **중1** 빛과 파동
- **중2** 물질의 구성 / 태양계
- **중3** 기권과 날씨 / 별과 우주 / 과학 기술과 인류 문명

꼬리에 꼬리를 무는 과학 3
반짝반짝 망원경

초판 1쇄 발행 2022년 1월 20일

지은이 고호관
그린이 서영
펴낸이 김한청

기획·책임편집 김은영
디자인 나비
마케팅 최지애, 현승원
운영 최원준, 설채린

펴낸곳 (주)다른미디어
출판등록 2017년 4월 6일 제2017-000088호
주소 서울시 마포구 양화로 64 서교제일빌딩 902호
전화 02-3143-6477 **팩스** 02-3143-6479
이메일 khc15968@hanmail.net
블로그 blog.naver.com/magicscience_pub
페이스북 /magicsciencepub

ISBN 979-11-88535-30-9 74400
    979-11-88535-15-6(세트)

매직사이언스는 (주)다른미디어의 과학 브랜드입니다.

• 잘못 만들어진 책은 구입하신 곳에서 바꾸어 드립니다. 값은 뒤표지에 있습니다.
• 이 책은 저작권법에 의해 보호를 받는 저작물이므로,
  서면을 통한 출판권자의 허락 없이 내용의 전부 또는 일부를 사용할 수 없습니다.

| 어린이제품 안전특별법에 의한 기타 표시사항
제품명 도서 | **제조자명** (주)다른미디어 | **주소** 서울시 마포구 동교로 양화로 64 서교제일빌딩 902호
제조년월 2022년 1월 20일 | **제조국** 대한민국 | **사용연령** 8세 이상 어린이 제품
주의사항 책 모서리로 인한 찍힘 또는 종이에 의한 베임에 주의하세요.

이 도서는 한국출판문화산업진흥원의 '2021년 출판콘텐츠 창작 지원 사업'의 일환으로
국민체육진흥기금을 지원받아 제작되었습니다.